一代人的遭遇

郝蕴仓 著

Copyright © 2023 by Yuncang Hao

ISBN： 978-1-957144-79-5

Title：A Generation's Suffering

本书是作者个人的回忆录，未经作者本人或出版社许可，任何单位或个人不得以任何形式（包括但不限于复印、扫描、摘录、翻译、摄影、录音、录像、电子传输等方式）对本书进行全部或部分的复制、转载、引用或发行。如需转载或引用，需事先获得作者或出版社的书面授权，并注明出处。版权为作者所有，翻印必究。

This book is a memoir by the author. Without the permission of the author or the publisher, no organization or individual may copy, reprint, quote or distribute the book in any form, including but not limited to photocopying, scanning, excerpting, translation, photography, recording, videotaping or electronic transmission. To quote or reproduce the content of the book, written authorization from the author or publisher must be obtained and the source must be properly cited. All rights reserved.

Author: 郝蕴仓（Yuncang Hao）

Publisher: Asian Culture Press LLC

Address: 1942 Broadway Street, Suite 314C, Boulder, CO 80302, United States

Web: www.asianculture.press

Publication Date: 2023 年 5 月第一版

1953 年,进京　　　　1955 年,清华大学

1976 年,新疆麦盖提县

1983年，在广州看望同学李文铉

1989年，返校清华

1989年，校友聚会

1989年，与好友殷畅宙在清华

1990年，北京旅游

1995年，菏泽师范音乐班部分同学合影

四口之家

目 录

家在菏泽 …………………………………………… 1

励志故事 …………………………………………… 5

舅爷殒命 …………………………………………… 7

甲等学生 …………………………………………… 8

汉奸罪名 …………………………………………… 11

赴京投亲 …………………………………………… 12

清华岁月 …………………………………………… 14

大学点滴 …………………………………………… 17

目睹达赖 …………………………………………… 20

苏加诺来访 ………………………………………… 21

暗潮涌动 …………………………………………… 23

致命履历表 ………………………………………… 25

错划右派 …………………………………………… 27

劳动考察 …………………………………………… 31

北海救美 …………………………………………… 34

初恋女友 …………………………………………… 36

草岚子监狱 ………………………………………… 39

狱中难友 …………………………………………… 41

功德林监狱 ………………………………………… 45

团河农场	47
清河农场	49
余桂湘传奇	54
农场琐事	57
发配新疆	61
小海子水库	66
右派之死	70
出狱无自由	74
血色"手铐"	77
"洋缸子"	78
前进水库	82
各色人等	85
结婚成家	92
屈辱与辛酸	107
卖淫与临幸	108
住院修机器	110
命运转折	113
平反冤案	115
喀什暴乱	121
农三师中学	125
返乡情殇	128
菏泽师范	131

退休离休 …………………………………………… 139

探访张元勋 ………………………………………… 141

国保之访 …………………………………………… 144

妹夫劝言有感 ……………………………………… 145

流放吟 ……………………………………………… 146

沙漠吟 ……………………………………………… 147

叶尔羌 ……………………………………………… 148

梦回新疆 …………………………………………… 149

后　记 ………………………………………………150

家在菏泽

我记事的家,是我爷爷为户主的大家庭,有爷爷、奶奶、父母,两个叔叔和婶子,一个姑姑。在菏泽,我家算是一大户。

其实,爷爷是穷苦孩子出身。我奶奶曾嘲笑他说,八九十来岁了,还光着屁股。弟兄两个抬着油桶,给他爹送油卖。

城里郝家一寡妇(老家门口一直挂着牌匾:敕旌节孝),想过继个儿子,血统上比较近的,她都相不中,就从同宗里找了一个孩子,就是我爷爷。

这寡妇稍有些财产,培养我爷爷读书识字,娶妻生子。在此基础上,我爷爷艰苦创业,善于经营,挣下较大家产。大概九个院子的房产、两处店铺、两三处乡庄,买下几百亩田地。

爷爷是个多面手,许多活计,都是他领着工人一块干的。比如,用芦苇和蒲席捆扎顶棚,木工活,泥瓦活,还有种菜种树,都会干。他还有生活技能,会剃头,经常给街坊邻居剃头,有时街上的穷人,他还领到家里来剃头。甚至据我妈说,他的几个孩子,都是他自己接生的。

他人缘特好,经常接济穷亲戚。逢年过节,在皮袄袖子里装着窝头和馒头,送给要饭的和穷邻居。对佃户也很宽厚,按契约,收成对半分。一般都是按照农户自报的产量来分成。遇到灾害,或者特殊困难,总是减免应交粮草。

爷爷的个人修养也很好,这么多钱,不赌博、不纳妾。当时好些有钱人抽大烟,遇到盛情难却时,他也抽两口,但从不上瘾。他唯一的嗜好，是抽纸烟。

父亲排行老二（老大幼年夭折），名郝振山，又名郝耀东。1937年考上北大，因"七七事变"，没有上成，在本县小学教书。

三叔郝靖宇，教小学美术。三叔的岳父，我喊韩姥爷，留学日本，任本县参议员，菏泽刚解放即被抓，不久死在狱中。

四叔郝聚山，那时上高中，大约1948年，随流亡学生南下，加入解放军，任文化教员。四婶算军属，在烟厂做工。

母亲肖焕卿，城西肖老家村人氏。她家也是大户人家，群楼一片，骡马成群。旧式家风，不让女孩上学，所以母亲不识字，还裹小脚。

家里一位男佣工，杨殿臣；一位女佣工，老张，我们叫她张干娘。

在大家庭里，不是一律平等，吃饭分两摊儿，"堂屋"一摊儿，"厨屋"一摊儿。爷爷、奶奶、父亲、叔叔、姑姑、男孩在堂屋，其余的人在厨屋。堂屋的饭菜好些，厨屋次之。

奶奶娘家好像也不是穷家，但她小气。通常，厨屋的馍馍是"包皮儿馍"，外边白面，里边杂面。如果白面放多了，奶奶会骂"娘的个屄，该败家嘞！"骂的对象，包括儿媳妇。

奶奶回娘家，大家都高兴。爷爷吩咐杨殿臣去买肉和好菜，"打牙祭"。饭、菜不分堂屋、厨屋，都一样。有时还叫饭馆送菜，店员用托盘送到家。

幸亏奶奶死得早，要是看到后来这么多家产被没收，她得气死。

奶奶去世时，我还不太懂事。停灵三天，她躺在堂屋中间。我不知道害怕，还去抓她冰凉的手。

母亲为了少生气，常常从娘家带鸡蛋和糕点给我们吃。张干娘受了奶奶的气，赌气要走，爷爷总是劝解、赔不是。对奶奶说，老张虽然说话直、嗓门大，但是干活儿麻利、勤快，你不能老是吵人、骂人。奶奶收敛些。

奶奶把我哥乃仓惯坏了。他是"长门长孙"，所以奶奶很溺爱。如果母亲打了乃仓，奶奶会把他揽在怀里，不让打，说，"孩子还小，骂一骂，出出气，就行了！"以至于乃仓经常惹事。

一次他跟人家打架，用砖头把木匠铺赵老头的额头砸出了血。赵家人说，躺到他家去！吓得我爷爷赶紧派杨殿臣扛着巴斗，装了白面，又拿着钱，给人家赔礼道歉。当然，乃仓也得挨一顿打。

他在一完小骂校长，校长要开除他，叔叔托人说情，才作罢。所以，爷爷不喜欢乃仓。乃仓连爷爷也敢骂。他背后说"爷爷偏心，光带他二爷爷（指我）下馆子，不带大爷爷（指他自己）。"我母亲对叔叔说，乃仓不听话，你们尽管打、骂，但是别打小蕴儿（指我）。

听母亲讲，我小时候有些木讷，没我哥活泼。有人说，"这孩子傻"。我爷爷说，"你们懂啥？大智若愚！"

依我看，爷爷有两个重大失误，一是姑姑的婚姻没掌握好。婆家是定陶的朱姓大户（据传是范蠡和西施的后代），但是有家族遗传性精神病，姑父的兄妹都是这种病。姑姑的两个孩子，都死于这个病。碍于风俗习惯，他不让姑姑离婚，以至相当聪明的姑姑，孤身一人终老，死于一所养老院中。二是没有把我父亲管教好。我父亲后来抛妻舍子，和有家室的女人姘居，埋下了家业毁损的祸根，他自己也因此惨死。这是后话。

我父亲的自私、坏，少年时就表现出来了。在堂屋吃饭，爷爷奶奶一离开，他就把好菜拉到自己跟前，还假问，你们不吃了吧？叔叔们生闷气。在学校，他聪明，学习好。可是，考试前，他复习完了，故意扰乱别人，叫人家考不好。后来，因为他跟郭潜相好的事，我二舅要打他，并告到爷爷那里。爷爷说，不是不管，棍打摧不折，儿大不由爷。管不了啦。

励志故事

我从小陪爷爷同住,他几乎每天都给我念聊斋和劝善的古书,或者历史书。经常领我下馆子。

大约 1945 年,爷爷领我在菏泽老戏园子看大擂拉戏演出。

表演者,是王殿玉和他的徒弟。节目主要是鸡打鸣、牛叫、羊叫、马叫、狗打架、军乐队演奏、地方戏……王坐在舞台中间,两边各两位徒弟,呈八字摆开。演出精彩,叫好声不断。

爷爷给我讲了王殿玉的故事。

王是菏泽郓城县人氏,自幼失明。父母双亡,幸有哥嫂照顾。但当时兵荒马乱,民生凋敝,农村普遍贫穷。哥哥看在亲情份儿上,责无旁贷。嫂子认为,自己一家生计尚难以维持,又要多负担一个瞎眼小叔,实无余力。无奈,把王殿玉放在一个旧猪圈里,像喂小狗一样,每天给点吃食延命。

同族长辈看着,伤心不忍。怎么也得想法让孩子找个吃饭的门道儿!有人找来一把胡琴(俗称弦子),告诉殿玉,努力练习吧,孩子,这是唯一的生存门路。同时,请人加以指导。

人,到了这种境地,什么欲望也没有了,全部心思都用在这把胡琴上了。王殿玉进步很快,慢慢地,可以在乡村节庆日的地摊儿上表演了。之后,他向多位民间艺人学唱三弦、"二夹弦",还有琴书、花鼓、坠琴等。

王殿玉将传统拉弦乐器坠琴,改造成了"雷琴"。雷琴与板胡、二胡相似，但要大很多，音域宽广，发声洪亮，音乐表现力丰富。

由于所处环境使然，他最熟悉的声音，就是各种动物的叫声。叫人称奇的是，从他的胡琴声里，可以听出两条狗从接近、吠叫、厮打、到一条狗败退、被咬住耳朵的哀叫声，败的狗逃跑，胜的狗追逐，就好像亲眼看见一样。

王殿玉的艺术水平越来越高，声名远播。从乡村到县里，再到省里，他的演出得到了广泛好评。建国后，他还到北京广播电台演出，还灌制了留声机唱片，成了全国著名大擂拉戏琴师，还收了若干徒弟。

舅爷殒命

我奶奶的娘家在城东陈官庄，奶奶的大哥陈鹤龄（我叫他大舅爷）是有名的儒生。每年在龙厅街（我家所在的街）王爷庙（纪念僧格林沁，他被捻军打死）举办祭孔仪式，都请大舅爷担任主祭。仪式后，一些猪肉之类的祭品会被赠给大舅爷。

大舅爷家的院子很大，像是大户人家。但当时已经破败，属于"破落地主"。他家生活不富裕，跟当地农民一样，相当穷困。

菏泽第一次解放时，大约 1945 年，乡村很不安定。八路军（共产党武装）游击队、土匪，都很活跃。

大舅爷的朋友躲避战乱，暂时借住大舅爷家。一天夜里，进来一个拿枪的人，没分辨清楚是谁，就把大舅爷打死了。事后才知道，那个人要追杀的，是大舅爷的朋友。

那几年兵荒马乱，趁机报私仇的、土匪抢劫的都很多，可以说民不聊生。像大舅爷这样被误杀的，无处告状，只能认倒霉。大舅爷的侄子（我叫他帅大爷），也不明不白被人暗杀了。

甲等学生

我出生于 1936 年，我的小学，是在本县第三小学上的。

一年级，我考了丙等第一；二年级，乙等第一；三年级，甲等第三；四年级，甲等第一。以后，就一直是全班第一了。小学阶段，学过几天日语，识日语字母。

小学阶段，最难忘的是郭应生老师。他名义上是音乐老师，实际上哪一门都能教。据说，他曾师从冼星海，教给我们许多著名的歌曲，像"义勇军进行曲""毕业歌""夜上海""西藏舞曲"……他组织的舞蹈队在县里比赛，每次都得头奖，尤其是西藏舞蹈和云南舞蹈，很是新鲜。据说，他念过西南联大，是地下党，到小县城来避难。有一次，国民党驻军（可能是 68 军），以聘请人才为名，要把他带走，全校师生哭喊着也没能拦住。但不知什么原因，后来又放回来了。他带的班级，从小学一直教到师范学院，学生升级他也跟着升，一直教到大学。

第三小学校长张君石，又名郭潜，我父亲在那代课，俩人渐生情愫，后来姘居。挨着解放时，他们二人带着张的几个孩子私奔了，置母亲和我们兄妹于不顾。

因为国共内战，菏泽一度呈拉锯状态。在"南华公园"当众枪毙人，国民党干过，共产党也干过。还有疯子用手抓人脑吃。那时我尚小，不懂世事，只知跟着一帮孩子看热闹。到 1949 年春天，局势才稳定下来。

大概 1948 年，我考入山东六中（后来的菏泽一中），学了两个月的英语，只记住几句短语：This is a book. That is a hen.

1949 年春天，一般的小孩都不敢上学，怕战争反复。当时的菏泽县长王宾轩，兼任菏泽一中校长，挨家挨户动员，说，"该上学的小孩，每天没事干，不如上学去，还管饭"。我想了想，去就去吧。没想到，这段历史，成了几十年以后办离休的依据。

王宾轩当时说，一中是普通中学。实际上，他把我们骗了。这所学校是从河北过来的游击队学校，是为进军江南培养南下干部的。进去以后不久，就动员年龄大一些的学生参加军干校（也就是参军）。我因为年龄小，没轮到我。入学后，实行供给制，但吃不饱。每天晚上吹哨开饭，喝小米稀饭，喝得快的能抢到一碗半，我总是抢不到，只能喝一碗。到 1952 年，才取消供给制，变成普通中学。

由于统一学制，初中念了两年半，赶到暑期，学校组织考试，考上就念高一，考不上还念初三。我考上了，所以直接升高中了。

菏泽一中，有一批水平很高的老师，一部分是民国时期山东六中遗留下来的老师。当时菏泽流行一个说法"六中北大哥伦比亚"，这实际上是何思源他们走过的轨迹。何当山东教育厅长的时候，给六中派了很多高水平的老师。解放以后，又从北京等地调过来一批很优秀的教师。1953 年高考，菏泽一中的升学率，全国第二，仅次于北师大附中。高中阶段，我在班上成绩也是拔尖的。有一次，数学老师李霖中发试卷，举着一份试卷说，虽然这次考试也有几份试卷给了五分，但真正值五分的只有这一份，念道：郝蕴仓。

1953 年初，因家中没有经济来源，无力供我继续学习，因为爷爷的财产被没收了。我只得去北京投奔离家多年的父亲。

　　临走，爷爷给我说了一段话，我一直没忘。他说，年轻人出去见见世面，闯一闯，有必要。但根据我的经验，每个地方各有优缺点，最后觉得还是老家好一些。我说，就菏泽这样子，有啥好的？他说，我跑了不少地方，张家口、北京都去过，三贝子花园（北京动物园）也看过，我也做过生意，还不算小。诚信最重要，厚道些好，不要轻易得罪人。你要不信，出去见识见识、体会体会就知道了。不久，我就认识到，爷爷的教诲确实正确。

汉奸罪名

张君石原来的丈夫郭兆之，是山西人，在菏泽经商。他曾经资助穷家出身的张君石求学，后来，张在菏泽混得很风光。当时的小学校长，一个是县长夫人，另一位就是她。她还很擅长交际，跟那些大官都混得很熟。

郭兆之因为共产党嫌疑，被抓了起来，据说还受了刑，灌辣椒面。后来被朋友保出来，直接去了解放区。他认为是张君石和保安大队长李森亭故意整他。张要达到和我父亲再婚的目的，郭从此怀恨在心。

1946年菏泽第一次解放的时候，城里的大户人家，只有我爷爷被冲击，没收财产。在临街的墙面上，贴着"打倒汉奸郝树桐"的标语。郭兆之指挥一批乞丐和流氓抄了我们家，把我们全家扫地出门，房产没收。这实际上是郭兆之公报私仇。1949年，第二次解放，还维持这个政策，所以，我家就没有经济来源了。

其实，汉奸罪名是强加的，爷爷从来没当过官、从过政。父亲虽然在"道尹公署"做过短期职员，但仅仅是文书，毫无权利。1945年，他自制了一台收音机，收听蒋委员长讲话（告全国人民书），我们全家都在一块听，都盼着国军把日寇赶走。

赴京投亲

因为家里实在困难，我无法继续上学。不得已，我于1953年3月赴京投奔从未尽过责任的父亲。哥哥也因同样原因，早我一年去山东博山投奔父亲，后来从博山转往北京。

父亲在北京三十三中教高中物理，张君石在三中教地理。3月份，北京中学已开学，我算插班生。因为经济困难，父亲为我挑了一所不收住宿费的中学，西什库的39中。它的前身是北堂（北京最大的天主教堂）办的耕莘中学，刚改成公立。39中的学生宿舍，是原来的光华女中，在西什库街口，紧邻西皇城根儿。

当时的39中，教学质量和纪律都很差，我插班高中二年级，与著名电影演员项堃的女儿项克芙同级不同班。学校男女实行分班。

父亲只给8块5毛钱的伙食费，零用钱和买衣服的钱都没有。1954年春天，我没有单衣服，棉衣就脱不下来，多亏教小学的嫂子赵学芬（赵登禹将军之女），给买了一件上衣。我们曾经一块去祭拜她的父亲，在卢沟桥东头往北。

在39中念了一年半，就到了1954年夏天高考。开头我报的第一志愿是清华，因为我眼睛有红绿色弱，不能报工科，只好改成第一志愿北大，第二志愿南开，其余不报了。

幸亏在北京，离高考还有两天的时候，教育部通知，红绿色弱又可以报工科了，我又改回来，第一志愿还是清华。

1954年夏，我考入了清华。老家的同族堂兄郝继冉（菏泽一中教师），拿着光明日报（当时，清华所有录取新生都登光明日报），对我母亲说，婶子，俺兄弟考上清华了。我父亲也说了一句"这下一步登天了"。

　　1953年的北京，各种古建筑还在。街上跑的，是叮当作响的有轨电车，别有一番风味。"五一"劳动节，天安门广场举办焰火晚会。从未见过世面的我，想去看看，和我哥步行去的，到了"华表"附近，拥挤不堪，无法挪窝儿，进退两难，被人群推着缓慢移动。各地代表队在广场分摊儿表演。我小便憋得难受，啥都顾不得看了。到了南池子街口，赶快出去，钻了许多小胡同，总算回来了。

清华岁月

我被录取的，是清华大学机械大类学科。进校后，还有一次分专业的考试，我报的是当时机械类最好的专业，"汽车拖拉机"专业。我被分到汽九二班，学号540087。

刚进校的时候，大家都一样，伙食费全免。到1956年，才根据家庭经济情况，实行助学金制。我的助学金是甲等，我很感激。

我学习非常刻苦，星期天也不休息，去图书馆占位子。所以，第一学年我就得了学习优良奖状，还受邀给全班同学介绍学习经验。所有科目全是红分（五分或四分），我基本上是五分为主。

那一年，考取清华的学生有三分之一是上海人。那时，全国招生没有各省的指标，同样的试卷，公平竞争。有的省一个考上清华的都没有，例如，西藏、新疆、宁夏、青海等等。

满院子上海话，上海同学笑话北京同学土气，北京同学笑话上海同学流气。为此，教务长钱伟长召集新同学开会，号召团结，互相学习。我也发现，虽然学习成绩有高低，但谁也不敢小看谁。令我印象深刻的是，在新同学文艺晚会上，两位上海同学表演二胡、琵琶合奏"春江花月夜"。由此，我对音乐产生了向往，想报名参加每周两次的乐器学习班，但恐怕影响正课，放弃了。这成为我一直以来的遗憾。

班上好友殷畅宙，因为身材比较高，我们都喊他"大个"。他来自江苏常州，不但学习成绩优良，而且兴趣广泛，才华出众。有一次，他拿一张画像给我看，问我这是谁？我说这不是广播员吗！我反问他，"你有她的相片吗？"他说，"我哪有？"我说，"那你是怎么画的？"他说，"凭印象"。也就是说，他凭印象画的人物，能让我认出是谁。他的字和文章都写得很好，还曾替教授抄写资料，挣点小钱。那时，没有打印机和电脑。他从图书馆借的书，五花八门，有一本古书，之前只有闻一多借过（书的最后有借阅者签名）。我们曾在同一宿舍，一同做作业，互相切磋，各有长短。

政治课老师讲了一个励志故事：有一少年，痴迷武艺，于是离家出走，进山拜高僧为师。师父有言在先，只要听话，保你三年学成。少年答应，保证听从师父吩咐。师父说，你除了干些杂活，主要是拿苍蝇拍子打苍蝇，少年照办。满一年了，少年问师父，该教武艺了吧？师父说，不急，下一年你要用巴掌拍苍蝇。少年不解，但也只能照办，巴掌练得又准又狠。又一年过去了，少年有些不耐烦，问师父怎么还不教本事？师父又说，别急，下一年你要改成用手指捏苍蝇。少年想发火，但想到保证过要听话，可能师父有绝活，最后用不了多少时间就能教会，只好耐着性子练习捏苍蝇。开头捏不住苍蝇，后来练得稳、准、狠，手指敏捷又有力。眼看三年将满，少年认为什么本事也没学到，被师父骗了，找师父算账。哪知，师父却说你已经学成了，可以回去了。少年大骂，你这个秃驴，折腾我三年，啥本事没教。师父一边说，你懂啥？一边推他出庙门，随后把门关上。少年没办法，只有回家。走不多远，只听身后庙门哐啷声响，回头一看，师父手持弓箭，照少年咽喉射来。少年习惯性地抬手一捏，轻松地捏住箭头。这才恍然大悟，师父没有骗我，果然学到了本事。

因为当时一边倒的政策，什么都学苏联，我们外语学的是俄语。教俄语的，倒是真正的俄国人，是从哈尔滨请来的俄罗斯老太太，名子忘了。她是"十月革命"后被苏共赶出来的俄国贵族，汉语并不精通。一次，讲到"过得怎么样？"她翻成汉语"还活着？"。同学们都笑了，并纠正说，中国人见面不能这样讲。她也虚心接受了。

大学点滴

清华期末考试,不是统一试卷,不是集中考试,而是几天考一门。

进考场先抽签,抽到什么题,就考什么题。一般,一个签上有三四道题,做完以后,直接坐到老师跟前,等老师质疑。他不是光看答案,还问解题思路,或者再引申一下,这道题如果再扩展,该如何解释。屋里只能同时坐两三个人,考试时间拉得很长,有时期末考试需要十几到二十几天,考下来人困马乏。

那时候,清华的淘汰率很高。两门功课不及格,准许补考,若是三门不及格,就留级。补考后还有一门不及格的,也要留级。5年中只许留级一次,再留级就得退学。我们班三十几个人,记不清了是第一学期还是第一学年,就有一位商丘的同学退学,他功课跟不上,还老说头疼。又过一年,华侨学生蓝连成退学。休学的也有几位,班上最漂亮的女同学,孙家馨,也休学了。

1955年春,同学喊我,楼下有一位军人找你。我一看,这不是五哥吗。五哥是菏泽岳楼村我的远房表兄,在亲戚走动中,从小就认识,也就大我一两岁,小名五得,大号岳俊祺。

我问他,你从哪来?他说,是从朝鲜下来的。我说,咋去朝鲜的?他说,在菏泽报名参军,在东北培训三个月,就拉上前线了。我问,你会打仗吗?他说,啥叫会不会,都是年轻人,枪炮一响,就往上冲啊。上甘岭战役,我们一个连就剩俩,我是被人从乱土石里扒出来的，耳朵都震聋了。

我说，那不立功了？他说，立功了。我问，现在哪里，干啥？他说，在南苑炮兵部队学观测员。我问，学什么课程？他说，学三角几何。我只念过小学，哪听得懂啊？我说，那咋办呢？他说，给文化高的战友多打几盆洗脚水，请人家帮帮忙呗！

大概是1956年，快放暑假了。考完以后，我想放松一下，去颐和园游泳。

铜牛附近是浅水区，远处水中，立着一个木平台，是深水区。

我想游过去看看，哪知还差几米，就体力不支了。

幸亏平台上有一人，坐在那里休息，看出我有危险，立马下水把我拉上了平台。我千恩万谢，说，要不是你，我今天就完了。那人连连摆手，应该的，应该的。

他准备回去，问我一个人回去行不行？我说，多休息会，从深水区往浅水区游，问题不大，浅水区人多。我总算平安回来了。

此事我牢记一辈子，游水千万不能冒险，即使会点游泳技术，也会有体力不支的时候。学会游泳有用，但下水后还是要避免过度自信。

1956年暑假，我和大个都没回家，主要是没钱买火车票。大个在明斋一楼找到一个空闲的宿舍，叫我搬去与他同住。

我们有空就去钓鱼，校园里有小河，荒岛周围是池塘，里面有鱼和青蛙，我们去逮来煮着吃。有时钓鱼钓得多了，我还骑车进城，送给嫂子赵学芬和侄子，她住平安里前车胡同，紧挨赵登禹路。

有一次，大个在宿舍走廊里捉到一只刺猬。我们议论，这么肥，肯定香得很。但是，谁也不会剥皮。我出了个主意，装到袋子里，往地上摔。摔倒是摔死了,但煮了以后,苦得很。因为苦胆摔破了,只能倒掉。

我在校时,有同学长跑 5000 米,从清华西门跑到颐和园,猝死。

医学院一女生,周六晚上在放有尸体标本的屋里复习,管理人员不知屋里有人,把门从外面锁上了。等到该熄灯时,这女生出不去,吓死了,门上抓出好多印子。

目睹达赖

大约1954年秋，我们正在车间做金工实习（锉钉锤），忽然看到门外一群人，原来是达赖喇嘛到校参观。

他下汽车就有人撑黄伞，走路脚不沾土地，有专人来回倒红地毯。

我的工作台靠近过道，他走到我跟前，通过翻译问我，做的什么活儿？我扭头对他笑了一下，说"锉钉锤"。

他年龄跟我们差不多，有点瘦，面色白皙，很和善的一个人。

藏人对达赖的崇拜，我过去大多是通过媒体知道的。2013年，我家的拉萨之行，使我亲自见识到了这一点，这是后话。

苏加诺来访

大约 1956 年春，印尼总统苏加诺到校参观访问。头天就传达高教部指示，苏加诺对中国友好，尤其喜欢青年，我们要改一改中国青年拘束冷淡的习惯，要热情一点，给他个好印象。

第二天上午，苏加诺进二校门，同学们站立两旁，热烈欢迎，有几个同学想把他抬起来，抬得一高一低，差点摔倒的样子。

参观完之后，他在体育馆阳台上讲话，我和大个坐在前排的地上，阳台大概三米高，看得很清楚。陈毅在一旁陪同。

苏加诺很健谈，他说，他跟清华是同龄人，他很崇拜孙中山的"三民主义"，讲到高兴处，脱下外套，越说越激动，大声说，不要喊我总统，要喊加诺兄，印尼语即是"朋加诺"，于是全场"朋加诺，朋加诺"喊个不停。

演讲完毕，同学们打算回宿舍，只听阳台上高教部长杨秀峰用拐杖敲着地板，说，给我回来！你们搞的什么名堂？人家是总统，你们差点把他抬倒，热情有余礼貌不足。

前面的同学和杨吵起来了，你说让我们热情，人家苏加诺还没生气，你发什么火？去，去，去。大家都散了。

那时候，清华学生对大官并不崇拜。一次，我们正在三楼做机械制图课的作业。离二校门很近，听到楼下乱哄哄的声音，趴窗口一看，刘少奇来校参观。大家没当回事，继续画图。有一次，我在颐和园昆明湖东岸游玩，刚过一个拐弯，抬头一看是周恩来，脸上的胡子茬子都看得清楚。旁边的便衣警卫也没紧张，若无其事地走过。

清华校刊"新清华"刊登一幅漫画，公交车售票员问一学生模样的乘客"你去哪儿？"学生昂首挺胸，用右手指着左胸别的校徽"清华大学"，"喏！"此漫画讽刺清华学生的骄傲心理，批评得正确，符合实际情况。

暗潮涌动

政治，渗透到各个方面。我们的许多教科书，用的是苏联的，其中不少是谬论。生物学，肯定的是米丘林和李森科，说获得性遗传是无产阶级的理论，摩尔根的基因论是资产阶级的谬论，科学要服从政治。是非颠倒。后来揭发，李森科是投斯大林所好的科学骗子。我们学了几年的俄语，白费了。

清华图书馆的地下室，是专门的读报室。全国各种报纸都有。晚上，我在图书馆复习完功课，留点时间去读报。

1956年，上海《解放日报》连载赫鲁晓夫在苏共20大上的秘密报告，揭发斯大林的独裁暴政，尤其是借肃反之名残酷杀害干部和人民。我就是在读报室看到的，颇受震动。好像没有连载完，就停止了。

清华大学在气象台附近建了一所工农速成中学，学员并不是高考进来的，是只有初中水平甚至小学水平的党员干部，分散在各个班里插班。我们都以为，这是照顾工农干部，实际上，他们是派到各班的线人，监视其他学生。后来的反右，完全证实了这一点。

他们是带薪的，又称调干生。有一次，调干生石圭聿问我个问题，他指着"$Sin(x)+Cos(x)$"，问我，可以把"x"提出来吗？我说，那不对，那是函数关系。此事，我说给殷畅宙听了，大个嘲笑石圭聿。石感觉到我们对他的不敬，这也为后来的反右增加了敌意。

就在明斋和殷畅宙一块住的期间，班里留级生曾传智（湖南人，年龄稍大），经常主动到我们那里搭讪，甚至经常说些"落后话"，引诱我们谈论。我们当时没有发觉，后来感觉到有点不对劲，怀疑他是石圭聿派来的线人。

果然，在此后不久的反右批斗会上，他说我一边照镜子，一边说反对共产党，这在当时可是最大的罪名。

其实，他是为了自保，故意捏造陷害。如果我是煽动，应该在有人的地方说，怎么会独自对着镜子说呢？再说了，当时我们既没有反党的想法，也不敢说这种话。

但是在当时，那种极左的斗争氛围中，在没有任何证据的情况下，很可能是把我划成二类右派最重要的材料。

1956年，官方号召"百花齐放，百家争鸣"。中央还发布了"正确处理人民内部矛盾的十条意见"，号召广大人民尤其是党外人士要本着知无不言、言无不尽的精神，帮党整风；要求领导有则改之，无则加勉，营造一种既严肃又生动活泼的政治局面。

党报党刊报道了许多民主党派知名人士帮党整风的发言，例如，民盟主席章伯钧主张"轮流坐庄"；储安平说，"大家都给小和尚提了意见，我今天想给老和尚也提点意见，全国大小单位主要领导都是共产党员，这不成了党天下吗？还谈什么人民民主……"。

"党天下"三个字，不但成了他划成右派的罪证，还成了后来文革中被批斗和死无葬身之地的原因。

致命履历表

　　我犯的一个重大错误，是在进入清华就读时填的履历表。

　　在家庭成分一栏，我自报了地主。一是觉得，社会上斗争氛围还不浓，只要本人成分学生，就影响不大。第二，胆小怕事，怕落下隐瞒成分、欺骗组织的罪名。其实，我的家庭成分不该是地主。

　　根据惯例，父亲是教师，我的家庭成分应该是教师，或者自由职业者，而不应该隔代继承我爷爷的成分。何况连爷爷的成分也没有正式划定，是我自己觉得，他这么大的家业，应该是地主。后来才知道，城里的工商户（包括我爷爷）不划成地主。

　　划成分之政策，本身就不合理。只根据当时财产多少来划分，而不论财产的来源。大多数地主的土地都是祖上遗留下来的，或者本人勤俭节约积攒的，而不是抢夺的。

　　同族郝家有一位小名叫高增的，继承一笔数目很大的财产，但他没人管教，吃喝嫖赌，花天酒地，很快把财产败光了。共产党来了，他反而被划成了城市贫民，成了革命阶级。

　　一旦被划成地主，不但财产被没收，政治上也成了专政对象，其子女一天地主生活都没过过，也成了地主狗崽子。男孩子找不到老婆，女孩子屈尊下嫁，考学政审过不了关，要么在档案中塞个不予录取的字条，要么，成绩再好，也上不了好学校，顶多给个师专。一旦划成地主，其家人相当于一生贴上了"贱民"的标签，而且没完没了。

所以，划成分的政策，实际上是撕裂社会，制造仇恨，根本谈不上什么正义。

包括我母亲在内，城里有一批人，土地被没收以后，就没有生活来源了。因为顶着地主的帽子，连做工的机会都不给，只能靠给人家做点手工维持生计，两只手都累得变形了。更有张姓邻居一寡妇，没有了地租，也没有工作机会，无法生活，领着几个孩子跳井了。

这种任意剥夺私人财产的办法，跟判死刑无异。利用地主的财产，收买一部分农民，然后叫他们"保卫胜利果实"。夺得政权后，又以"合作化"名义，把土地收回，农民又成了事实上的佃农。

虽然官方说，有成分论，但不唯成分论，但实际执行的，还是唯成分论。就因为我错报地主家庭成分，成了后来错划右派、加重判刑的依据。

错划右派

所谓的百花齐放百家争鸣，很快就结束了。社论《文汇报的资产阶级方向必须批判》《事情正在起变化》等造势文章开始大力传播。内部传达文件，开始组织批判右派分子。

反右开始了，民主党派领导人被揪出来，机关单位、学校开始抓右派。

我从石圭聿的表情看出，他们准备收拾我。一天，故意把我叫出宿舍，私自翻查我的日记本，想从中找到划右派材料。过了两天，突然袭击，走廊上贴满大字报，批判右派分子郝蕴仓。

他们私设公堂，组织批判会，指定人重点发言，其余人都得表态，人人过关。主审"法官"是石圭聿。

因为我没写过一张大字报，没在会上发过言，何春阳等积极分子拿不出足以服人的材料，就说我平时有右派言论，比如，哪个星期六在宿舍说过钱伟长的教授治校有道理，北京的乞丐和盲流多说明农村搞糟了等，断章取义，上纲上线。连我和殷畅宙是好朋友也成了罪过。最后是曾传智的"对质"，他说我在明斋殷畅宙的房间对着镜子说，"反对共产党"。我当即驳斥，从无此事。他没有任何旁证，石圭聿却认定有这事，还说，这跟社会上的反革命言论没有两样。

从大鸣大放转为反右斗争，开头我还认为，号召大家帮助整风是有诚意的，只是因为有的人提得太尖锐，才导致后来的逆转。但是，从后来相关谈话和官方言论上看，这是蓄谋已久的"引蛇出洞"。无论怎么辩称是"阳谋"，实际上是货真价实的"阴谋"。正如后来胡耀邦说的：你叫人家帮党整风，后来又说"引蛇出洞"，说得过去吗？

右派学生，一夜之间成了贱民。上面定性，右派问题，按人民内部矛盾处理。据我理解，这是一种宣传。右派学生不但被同学孤立（被迫划清界限），还要随时被召去训诫和辱骂。例如，汽八的党员调干生李昌槐无故召集右派学生训诫，嘴里还"妈屄、妈屄"的不干不净。此人黑脸高个，一脸凶相，野蛮得很。他看上了本班一女生，故意把此女的男朋友打成右派，企图拆散他们。但该女同学坚决不从，李便耍起流氓无赖，实在太恶劣，反遭开除。

与我同级不同系的上海学生陈执中，因对被划成右派不满，跳楼了。他没死，因为楼层低，被校方说成是威胁组织，开除了他的学籍。

归国华侨学生冯国将，对被划成右派不服，在教室走廊里举办个人展览，标题是："十年在红色北京"。他自己解说，讲述在国外怎样爱国，回国参加建设，没想到被划成右派，成了敌人。可能是照顾他的华侨身份，没给他最严厉的处分，在校园扫院子。

教师里头也划了很多右派，尤其是中国革命史教研组，划右比例更高。教务长钱伟长（中国著名的三钱之一：钱学森、钱三强、钱伟长），在给我们做报告时提到，当年留学毕业以后，国内几所知名大学争相聘请，给一级教授。后来他在清华的老师，给钱伟长发个信儿，叫他回来，给三级教授。钱说，我怕在学界落下只图钱财、背叛母校的名声，只好乖乖地回来了。当时，清华这种传统，其实是家族式的学校传统。在全校召开的批判钱伟长大会上，主要内容就是批他的教授治校，是对抗党的领导。像化学系张子高教授，批评钱骄傲了，净搞些社会活动，不做学问，属于诚恳规劝。但更多的人却是见风使舵，批倒批臭，进行人身攻击。

比钱伟长更倒霉的，是徐璋本。此公 1956 年刚被同学钱学森劝回国。回国后，他以为像在美国一样，可以自由组建政党。他在科学馆门口贴了一张启事，组建中国的反对党，立马就被抓走，投入土城监狱。可能碍于钱学森的面子，没有立即置他于死地，而是判了个长期徒刑。第一颗原子弹爆炸后，官方故意拿着照片羞辱徐，说，没有你，我们不是也搞成了吗？

校长蒋南翔，在大会末尾，专门对右派学生讲了一段话。"你们年轻，不知天高地厚，看不起共产党，实际上共产党敢于翻天覆地。你们下去要接近工农群众，改造世界观，切莫使朦胧的反党意识变成自觉的反党意识。劳动考察的同学，还保留学籍。劳动个半年一年还可以回来。"实际上，他们食言了，劳动快三年了，还不说返校的事。

对知识分子的整肃，由来已久。1950 年的批《武训传》，1954 年批《红楼梦》，1955 年以所谓"胡风反革命集团"案为标志的肃反运动，都是对知识分子的攻势。我班上海同学诸君鲁，莫名其妙成了反革命分子，后来悄悄向他道了歉。

1957 年的反右，更是大规模整肃知识分子的运动，可以说全是冤案。无数人家破人亡、妻离子散。造成严重后果的反右运动，没有任何法理依据，为以后的大冒进大饥荒埋下了祸根。

我在老家最好的朋友，郝炳灼，也成了右派。

他与我同龄，却长我一辈，我叫他叔。

他家的房产不少，没有没收。四合院的东屋，租给外县来菏的刘增义家。有人说，此刘土匪出身，骗了一位俊美的小媳妇。

刘某见炳灼叔父母年老（70多岁），不但想赖掉房租，还想敲诈一笔钱财。

他老婆趁天黑把一个小包裹放在房东屋里。刘某大喊失窃了，随即把放在房东家的包裹拿出来，说是房东偷的，把我二爷（炳灼父）气得打哆嗦。

正巧，我放暑假在家。我说，姓刘的，你们欺人太甚，咱上街道办事处说理去。办事处说不能凭空诬陷房东，需调查处理。最后认定刘某栽赃陷害，要把他赶走。

刘某撒野，扬言"这个郝蕴仓狗拿耗子，多管闲事，我得给他个白刀子进去红刀子出来。"吓得二爷不轻，叫我和炳灼叔躲一躲。

炳灼叔在我家睡了几晚，刘某没敢动手。

二爷被气得病倒，不久就去世。

因为我给二爷家出了气，两家关系更好了。

郝炳灼毕业于开封黄河水利学校，后来莫名其妙地被划成右派，开除公职，遣返原籍。

在城里，无地可种，他只能干些配钥匙、拉地排车之类的杂活儿。降低标准，找个老婆，生一女儿。

不幸，炳灼叔得了风湿性心脏病。生计尚难维持，哪有钱治病？英年早逝了。无奈，媳妇领着孩子改嫁。

跟无数右派的宿命一样，家破人亡，而平反、改正之后，给了点钱，算作"补偿"。而逝去的青春、破碎的家庭，谁来补偿？

劳动考察

  1958年3月8日，下大雪。清华11人、北京工学院7人去东郊汽车装配厂劳动。厂党委召开座谈会，正副书记讲话。开头是官样文章，叫我们靠拢党组织，好好改造思想，云云。

  正书记李慧，中年妇女，老干部，和蔼地说"这不都是小青年嘛，有错误改了就好，将来前途还是光明的。"后来听说，她因右倾也挨了整。

  副书记康某就左得很，居然撂出一句"你们手上沾满人民鲜血。"这不是胡说八道吗？谁手上沾满人民鲜血？

  我、彭伟君、宗国梁分在3车间，大个在1车间。因宣传需要，大个经常作画。我们努力劳动，不怕苦，不怕累，盼望回校。把我分给外号"王八蛋"的王维俭师傅一块干活儿，叫我转动人力摩擦压力机，一会儿就累出一身汗。一天下来手上就磨出了水泡儿，别的工人都看得心疼。

  后来，我在传动组帮崔凤鸣师傅测绘他制作的零部件，画成图纸保存下来。当时，厂里的主要任务，是把解放牌卡车改装成公共汽车。崔师傅想把变速杆改成小轿车那样的，放在方向盘下边。我在测绘时发现，拨杆头部的运动轨迹，不符合力学原理，硬把弧线变成直线。时间长了，超过材料的疲劳极限，会造成变速杆断裂，车子失控，酿成车祸。我向崔师傅提出这一问题，他连连点头，说"我一直琢磨这个问题，还没有解决。你算说到点子上了。"

在技术发明活动中,我给车间设计了筛石膏机、三合板上漆机。彭伟君为车间设计了摩擦压力机,减轻了劳动强度。

反右以后,知识分子噤若寒蝉,没人敢说话了。官方舆论提出,知识分子要做党的驯服工具。打麻雀运动,停工停产,全民上屋。后来证明,打麻雀打错了,劳民伤财,瞎折腾。紧接着大炼钢铁,把好好的铁器投入土炉,炼出的根本不是钢,而是一坨坨的废铁渣。各单位还敲锣打鼓报喜,又炼了多少多少好钢,全是假话,国家损失难以计数。而此时,没有多少人敢讲真话了。

我厂响应"土法上马大干快上"号召,要造100辆井冈山牌小轿车,向国庆10周年献礼。工人们夜以继日劳动,车间里叮咣叮咣响成一片。没有模具,手工操作很不标准,车门和车身不配套,需要来回地凑合。我负责保管铝线条,对号入座,一大堆,乱成一团麻。

到1959年"十一",准备参加国庆游行。人民日报、广播电台,吹得邪乎,说中国工人敢想敢干,自力更生,造出小轿车,15年超英赶美。经试验,造出的车大多不合格,最后挑出2辆参加游行。在东单就得发动起来,中途不敢熄火,连警察都不敢拦它,一熄火,警察也得帮着推。"十一"过后,这批车卖不出去,全都报废了,成了一堆废铁。

彭伟君的大哥,也被划成右派,在四川劳动教养。彭接到一封信,是他大哥一个教养队的人写的,说彭的大哥死前向他借了15元钱,要彭伟君偿还。可见在劳教营里右派处境之悲惨。

彭伟君二姐,在成都师范学院。鸣放期间,彭伟君在给二姐的信中介绍了清华的情况,他二姐传了出去。结果,姐弟二人都被划成右派。彭的大姐两口混得不错,在北京某单位工作。怕受牵连,与彭伟君划清界限，同在北京，形同陌路。

彭的女友在成都师院，基本上谈妥了，同样因为反右拆散了。

彭的小妹年纪不大，离开四川老家，去东北生产建设兵团谋生。路过北京时，到我们劳动所在厂子看望彭。家庭成分不好，又出了几个右派，生计无着，只有逃荒。小妹长得俊美，后来嫁了个转业军人。

厂里的工人，有的同情我们的遭遇，但不敢说。同宿舍的杨金生老师傅曾对我说，小伙子，你们没看出来吗？上面有人认"假"不认"真"。

有的工人也吃"政治饭"，靠所谓的"积极"不干活儿，待在车间办公室偷闲。共青团小组长刘某香，靠打小报告、开别人的会儿树权威，叫别人怕他。他想干多少就干多少，成了事实上的工贼。更有一位库师傅（党员），经常跑外地，"内查外调"，就没见他干过活儿，却拿着高级工的工资。

北海救美

1958年"五一"，我、彭伟君、宗国梁、大个去北海公园划船。在西北角九龙壁旁边，我看到一女孩，约二十岁，长辫子，模样很好。我说，那女孩要跳湖。他们几个问，你怎么知道的？我说，游客都站在栏杆里面，她站在栏杆外面，还低头沉思。大家都说，不能见死不救。几个人分工，宗负责划船，我负责观察，大个水性好，准备下水。他脱得只剩下裤头，天很冷，上身就披个上衣。我们的船在那女孩前面来回划，太近了不礼貌，太远了来不及救。几个来回之后，只听"扑通"一声，女孩真的跳了。我们赶紧往回划，晚了一步，那女孩被另外一艘船救起，送到北海公园南门派出所。此次"英雄救美"，虽未完成，但我们的心意还是到了，不像官方污蔑我们的那样，我们是好人！

反右，就是让知识分子成为"驯服工具"。除了进行组织处理，还动用国家机器，剥夺自由，强制劳动。著名的劳改营，如夹边沟、兴凯湖农场、清河农场、四川峨边劳改营……都有大量右派死亡或致残。

全国知识分子和人民群众，人人自危，处于恐怖之中。右派的恋爱对象和妻小家属，都要与右派分子划清界限，否则会被株连，变心和离婚的不计其数。每次运动，都说打击面是百分之五，实际上远超此数。官方说右派五十五万，其实上百万也不止。在延安时，共产党许诺要建立美国式的宪政国家，令知识分子为之激动，令战士慷慨赴死。

1949年10月1日，在天安门城楼喊出，中国人民从此站起来了！事实上，只有少数人站起来了，大多数人，精神上都趴下了，都得匍匐在地，山呼万岁万万岁！

初恋女友

我的女朋友张某，菏泽高庄镇燕庄村人氏，当地大户人家，有祖传几百亩田地。划成地主成分后，她家比一般农民还穷。好在，1950年代初，政策还没那么极左，地主子女还让升学。搞建设缺人才，也是一个因素。

当时，外地的初中毕业生，可以到北京报考中专，她就是从菏泽来北京，考的卫生学校药剂专业。学制3年，中专毕业后，分在北医附属医院药剂科工作。

我和她还有点亲戚关系，从小就熟悉，算得上"青梅竹马"。她长得美丽，明眉大眼，皮肤白皙，中等个，身材丰满。她读了许多中外名著，字写得也好。

我们感情甚笃。她领到的第一份儿工资，基本上都给了我，她还说，"数目虽小，但很有意义。"

正当我们憧憬着美好未来时，没想到天降横祸，无缘无故给我扣上右派帽子。那个时候，全社会都弥漫着恐怖气氛，人们被迫与右派划清界限，否则要受株连。1958、1959年，她可能觉得我的命运还有转机，尚未变心，还常常在周末到厂里来看望我。甚至有一次，在送给我的照片背面，写上"花开堪折直须折，莫待无花空折枝"。我们的书信来往，也很多。

但到1960年夏天，就渐渐冷淡下来了。有一次，两周没有音讯，也没来。我有一个不祥的预感，想弄个明白。于是，就去找她。一天下午，我走到新街口北边，豁口外面，时间尚早，不到她下班时间，就在太平湖（老舍投湖的地方）边上闲坐。该湖隔不多远，就有一个码头，此时有几个小孩从西直门小学放学回来，他们拿着用绳子拴着的小瓶，趴在平台上取水。有一个小孩不小心，上半身滑下去了，头已入水，另外一个小孩抓住他的脚喊叫，但力气小，拉不上来。幸亏我离得不远，快步上前，把小孩拉到岸上。因为时间不长，孩子没喝多少水，我给他拧干衣服，休息一会，没有大碍，就问他离家多远，能不能自己回家？孩子说，能，我也就没有跟着去。

　　到了女朋友的办公室，她与一男同事马其昭聊得正欢。见我到来，她脸上的表情马上晴转阴，我全都明白了，说了一句"原来如此"。那男的连声说，"你们谈，你们谈"。我说，"我还以为你病了，没去找我"。她不吭声，看来一切已无法挽回。我说了一声，"再见了"。她也没送，我回厂了。

　　分手以后，我把她所有的信件原样寄回。

　　此事对我刺激很大，两年来觉得还有女朋友在等着，虽有冤屈，也就忍吧！连女朋友也背叛了，上街有可能遇到尴尬和羞辱，越想越愤怒难平。

　　我们各方面条件并不差，女徒工对我们示爱的也有。但党委团委告诉她们，不得与右派亲近。大个就是因为与女学员宋文凤过于亲近（女方主动），被人汇报，厂方以此为借口，送他劳动教养。

　　我已劳动两年多，回校无望，女友背叛，再加上屈辱的月薪15元，我和其他右派一样，情绪开始躁动。想来想去，这种厄运的根源，就是那顶冤屈的右派帽子。

1959年"十一",官方欺骗舆论,挑了个别"改造好的人"摘帽,做个样子。所谓改造好,毫无标准。我们车间的吴风,北京工学院的,因为经常给支部书记梁丙寅补习英语而摘帽。

彭伟君接触到附近厂子的右派学生,都认为难以忍受,商量着能否出国自谋生活。我们不是当特务的料儿,也不想背叛祖国,只是想自食其力,凭本事吃饭,活得像个人。结果,有一北京地质学院的学生张联昌告密,把十几人按"企图逃亡国外"的罪名,升级为现行反革命,其中就有我。那告密的张联昌,也没轻饶了他,只是少判两年。若按当时的专政政策,一生都是刑满释放人员,一生做贱民。

如果没有女朋友的背叛,我还有个盼头,再忍一年,或许能回校。有人说,从后来的文革看,没有升级的右派,打死打残的,有的是。因此说,右派升级后进了监狱,可能因祸得福了。对此,我并不认同。根本问题是,我们这些人本不应该被错划右派!我的同学刘世广,心灵手巧,敲汽车门子比老师傅还强,在狱中赶上1969年的"一打三反",被枪毙了。他的平反通知书无处送,因为父母不在了,未婚妻早就嫁人了。如此惨绝人寰,怎能说是因祸得福呢?

草岚子监狱

1960年7月26日，我、彭伟君、宗国梁、刘世广、张翕、张玉林、熊家骏，还有铁道学院的杭德才、张联昌等，都被捕了，关押在草岚子监狱。

这是一个从北洋时代就关押政治犯的地方，李大钊即死于此。重重铁门，不时传来镣铐声，甚为恐怖。屋内尿桶气味熏人。放风时，我看到北堂的尖顶，才知道这座监狱就在我读书的39中旁边，草岚子胡同。

牢房阴森恐怖，铁门上开一长方形小洞，旁边挂着两个小牌，一个是"求茅"（上厕所），另一个是"报告"，可以通过小孔，告知门外的警察，他们在不停地巡逻。每天早晨放茅（上厕所），过几天放一次风，每周洗一次澡。

吃得不可能好，一般一个小窝头，半碗菜汤。最紧张时一天两顿包谷糊糊，饿得走不动路。

我们一直抱着勤奋学习、建设祖国的决心，响应蒋校长的号召，为祖国健康工作50年。万万没想到，有人会对我们下如此毒手！

迷信暴力、滥用暴力，把朋友打成敌人，把建设者变成逃亡者，岂不是典型的"为渊驱鱼"、"为丛驱雀"？

诗抄：

横遭阳谋灭顶灾，

万千冤魂何处埋？

可怜夹边沟底骨,

俱是家国栋梁材!

为夹边沟及无数死难右派冤魂哭泣而命笔。辛丑暮春时节朽木王方草。

狱中难友

牢房中遇到戴家骥，上海人，北京石油学院的调干生，也是右派升级进来的。因为不认罪，整天戴背铐。

他瞅别人不注意的时候，小声对我说，"老弟，我看你很苦恼。"我说，"大概我们错了"。他坦然一笑，"老弟，你不要自我谴责，这是一个历史的漩涡，你不想卷进来，也得卷进来。从来监狱只关两种人。"我问，"哪两种？"他说，"第一种是社会渣滓"，我点头表示理解，问，"第二种呢？"他声音更低了，"先进分子"。我表示惊讶，说，"老兄，太狂妄点了不？"他又一次坦然一笑，说，"历史将会证明，无一例外。"

我好像豁然开朗，从此，再也不自我检讨了。我没错，是他们错了。之后，我只需忍受身体上的折磨，精神压力减少许多，再也不苦恼了。也可以说，我能活下来，得益于他的开导。

但是，人性是复杂的，考虑到要想活着出去，不能反抗，只得投降，我也昧着良心批判他。这件事，令我感到可耻，后悔不已。

监号里边有几位郊区农民，据说他们解放前干过保甲长之类的差使，解放时已经做过结论。这次又被抓进来，也不提审，过了很久，又给一个判决书。

北大法律系的李立，在河北省公安厅干过，我问他，政府怎么这样言而无信？他说，内部有文件，对于起义的、俘虏的敌方人员，暂时给他们发路费，叫他们回家，说交代清楚就没事了。实际上，以后"分批报复"。那几个被抓的农民，也问过审讯员，我们不是已经处理过了吗？又没有新的罪行，怎么又给个判决书呢？审讯员只回答了四个字，"重新处理"。

　　李立也是调干生，年龄比一般应届生要大，生活能力强。冬天了，棉衣没发下来，冻得够呛。李立发明一个方法，把解手用的草纸缝在单衣服的里面，暖和好多（缝补用的针线，可以向管理员要）。李立还想出一个办法，把草纸用水泡了，用墨水瓶盖当模子，扣出象棋子，打发无聊的时间。当时最难受的，是饥饿，我们想的和聊的，大多是食物，也就是"精神会餐"。常有感慨，把饥饿当成刑罚，够厉害，但没有了人道！

　　还有一个老犯人，不知关了多久了，脸煞白。他为了表示认罪，配合管教人员的工作，给新来的犯人讲读他作的打油诗，"早进来晚进来，早晚都得进来，晚进来不如早进来；早出去晚出去，早晚都得出去，早出去不如晚出去"。

　　管理员叫我当学习小组长，负责做记录、读报，坐在大长铺的一头。另一头是副组长，刘某民，负责打饭分饭。中间有十几个人。我发现，副组长分饭的时候作弊。摆成一排的碗，他总把两头的碗盛饭盛得多。因为根据惯例，他叫组长指定从哪头拿，这样他每次都能拿到饭多的碗。虽然我碗中的饭也比较多，但是大多数同号都吃亏了，大家都饿得够呛。我一想，这样做太亏心了。每顿饭多一口少一口，可能关乎健康，更可能关乎生死。在生死关头，是坚持良知还是不顾道德、满足私利，我当成一种考验来对待这件事。于是我故意打破常规，不按原来的顺序分饭，而是随机指着当中某一碗说，"从这里开始拿"。这样，两头盛饭多的碗，就落不到正副组长手里了,而是落在某个同号手上。副组长一看,再作弊,饭多的碗他也得不到,于是,他也不再作弊了,每个碗都盛得一样。大家心里明白,赞扬我主持公道。其中有一位通县的老孙头,对我说,"郝蕴仓,你真是好人。在这里头我什么都没有,没法报答你。我有一个祖传秘方,治喉咙的,传给你吧。"我说,老孙,谢谢你的好意,可是我能不能活着出去还不一定。我也就没记下这个秘方。可见当时环境的恶劣,逼得人横下一条心,爱咋咋的了!

在此期间,我嫂子赵学芬(赵登禹将军之女),把我落在汽车厂的衣物送到监狱。

赵学芬是菏泽人,她大妈一直在城西赵庄村。大妈不能生育,赵登禹在北京再娶。赵学芬兄妹三个,上面一个哥哥,中间是她,下面一个妹妹,都是北京的二妈生的。"七七事变"刚开始,赵登禹就英勇殉国了。他们兄妹三个回到菏泽上学,与我同校。她与我哥在北京结婚,住平安里前车胡同。同院还有一家人,搞建筑的工头。"大鸣大放"期间,要写大字报,工头不会写,就让我哥代写。此人以前在国民党时期做过事,反右开始后,被打成右派,抓走了。因为他的大字报是我哥写的,所以我哥也被牵连,划成右派,送到清河农场劳动教养。

难友曾某志,清华大一学生,他爸是1938年去延安的老干部,在"换妻潮"中,抛妻舍子。他对其父不满,经常跟他吵架,后来发展到骂共产党和毛泽东,被以"现行反革命"罪名逮捕。他爸曾警告他,老子几十年的革命资历,毁在你手上,你以为共产党是好惹的?

难友朗杰,中央民族学院学生,藏族。因在西藏叛乱中有犯罪嫌疑,抓了进来。他介绍了一些西藏的习俗,如吃生肉等等。后来我被转移到看守所，靠近年关的时候，有人隔着窗户看见一吉普车上的人拿着一张纸，对朗杰宣布了什么，就把他铐上车带走了。根据惯例，大节日之前总要杀一批人。所以有人说，朗杰被枪毙了。

难友戴中器，上海人，北大数学系学生，也是右派升级成了现行反革命。此人憨厚老实，有点像黄包车夫。一天，提审回来，我们问，怎么样？他说，跟审讯员吵起来了，我们说，你胆子好大，他说"审讯员问我，你们为什么反党反社会主义？我说谁反党反社会主义了？这是你们乱扣帽子，说是劳动半年一年的就可以回校，结果不算数了，你们给我们什么待遇？"审讯员说，就算我党对你们处理不当，你们应该等待，没进来的回学校了。戴说，哦，许你们错不许我们错？审讯员无言以对，一拍桌子"反动"！后来听说，戴中器平反后回了上海，成为了数学家。

功德林监狱

大约 1960 年末,我被转移到德胜门外功德林监狱,过去叫陆军监狱。

从放风看到的胡同号描述的位置,我猛然想起,这不正是我女友医院旁边的大院子吗?我见过多次大铁门上着锁,没见这院子开过门,从未想过它是监狱。它的院子是八卦阵,进去很难出来,周围墙上是铁丝网。

到了这里,情绪更加低沉悲伤了。本来应该是美满婚姻,忽然被人抛弃,忍受屈辱,愤怒难平,以至于夜不能寐,神情恍惚,两眼红肿,头痛难忍,精神崩溃了。有好多天,我分不清白天和黑夜,老想着隔壁院子里他们在举行婚礼,耳朵里仿佛传来鞭炮声、欢笑声、嘲笑声——就好像林黛玉在重病中,听到宝玉和宝钗正在举行婚礼。那种锥心刺骨的悲愤,难以名状,太痛苦了,好像还不如死掉。

这种状态,持续了一两个月。这是我有生以来遭遇的最大屈辱。几十年过去了,每当我想起这个情节,仍然激动难抑、欲哭无泪。

监号里,又来了两个犯人。老的起码有六七十岁了,一口地道的北京话,神情木讷,几乎不说话。另一个中年人,四十多岁,据说是处长秦达远,狱警指定他俩挨边睡,秦负责那老头的生活起居,同时管制他的不正常行为。那老头经常在傍黑的时候,一边往外走一边说,"回见,回见",表示他要回家了。这时候秦就扭着他的耳朵往回拽,嘴里还骂,装什么傻？一看便知这老头已经精神错乱了。

狱中也有医生,隔几天来巡视。一位老医生,看样子有五十来岁,是民国时期留用人员,对犯人态度和蔼,指着墙上说"墙上潮湿,不要后背紧贴着墙,毁了身体,以后还要出去呢。"另一位年轻医生,大约三十岁,对犯人态度恶劣,该给药的也不给。就在我神情恍惚这一段时间,我的眼睛红肿疼痛。我问大夫:"是不是青光眼",他只扫了一眼,就摆摆手说:"没事儿",什么药也没给。一看便知,此人是满脑子斗争意识的左棍。

有一天,管理员进屋,把床铺搜了一遍,要找什么东西。啥也没找到,就问,"谁有剃头刀,放哪里了？"大家一致回应说,没有剃头刀。管理员就说,没有剃头刀,怎么剃的头？这时有人解释说,是用破碗碴子剃的。管理员说,拿给我看看。他这才相信,大家说的是真话。临走说了一句,以后不许这样了,把碗碴也拿走了。

在功德林,我总结的座右铭：

善——与人为善,助人为乐。

强——顽强不屈,刚柔并济。

朴——艰苦朴素,勤俭节约。

团河农场

离开功德林，算是已决犯，我的案情算是搞清楚了。但实际上，既没开庭，也没判决。先是转到了看守所，又转到团河农场。

过了好久，才给了一张判决书，有期徒刑 10 年。这算重刑了。

至此，我才认识到，无论你怎样积极劳动、靠拢政府，他们都不会手软。够狠啊！

既然离刑满还远得很，必须适应劳改队的繁重劳动和艰苦生活，下决心学会各种农活。

我所在的是菜园队，种菜的，据说是特供菜，专门供应高官的。我学会了菜地的各种农活，例如插架，有四架头，六架头，八架头。我插的架，队长很满意，特意把大路边上的插架任务交给我。菜园队也有一个好处，每天收工都可以带些蔬菜，放在本队厨房里，大家可以比别的队多吃一点。最受欢迎的是土豆之类的可以充饥的菜品，可以弥补粮食的不足。即使如此仍然吃不饱，劳动强度很大。有一个犯人给家里写信，说队长对我们很好，跟爹似的，病号每天三顿糊糊。（犯人发信和收信都要队长检查）队长在训话的时候批评说，还跟爹似的，还每天三顿糊糊，啥意思？

一个星期天，早饭后组长从队长那里领回来信件，我对面一个叫黄木的，北京郊县的农民，不识字，就叫他挨边的北大学生给他念。这大学生大概给他念了念，大概意思是家里都挺好，三个孩子也挺好，你要好好改造，争取早回来。别人收到家信都很高兴，唯独黄木愁眉不展，低头无语。到了晚上学习的时候才发现黄木情绪不对头，饭也吃不下了。大家问黄木怎么了？他撂出来一句"我来的时候家里俩孩子，怎么现在成仨了？"旁边的大学生说，我再看一遍。对他说：哎呀，对不起，她把2连笔，写得像个3，是两个，不是三个，你别难受了。这样黄木的情绪才算转过来了。

到了劳改队，可以接见家属。因为常年饥饿，最盼家里送食物。有一个人，家里条件好，接见时家属带了一些烧牛肉，他吃得不少。一喝水，胃里发胀，胃穿孔死掉了。

有一次，我在伙房门口看炊事员包饺子，速度特别快。原来他是北京市服务行业的劳动能手，在劳动人民文化宫举办的比赛中得过二等奖。他问我，想学不？我说，学呗。他手把手教我，怎样挤饺子，只有一个动作就完成了。从此，我成了组里包饺子最快的。有时星期天吃饺子，各组到伙房领面和馅，回来自己包，然后到厨房煮。因为饺子一烂就损失了，所以要求包得又快又好，赶在前头煮不容易烂。大家选我包，两个人擀皮，我总是比他们快。

冬天，地里没活，就叫我们挖养鱼池，两个人抬筐、运土。因为没发手套，一个人的手指被冻烂坏死，截了肢。从那以后，就给我们发手套了。

清河农场

大概 1963 年，我们由团河转到清河农场。

清河农场在天津北边塘沽界内，属北京市公安局管辖。这是一片很大的地方，其中有很多个分场，整个清河农场外围都有界河包围，界河外面有巡逻队，日夜巡逻，还有铁丝网。

我所在的劳改一分场就有条田一万亩，叫做一用，二用，……一直到二十用。这里本来是海边滩涂，遍地盐碱，种不了庄稼。刚一解放，就让犯人在这里开垦，不知死了多少人。一分场周围也是水沟，只有一个吊桥与外界相连，院子里面的犯人分成若干个中队，顺序是一、二、三、四……等，大家习惯上都叫成历史反革命队、现反队、小偷队、"打井队"（指男女关系犯罪）。一般那一批右派升级的比较集中。

这个清河农场，在大饥荒那几年，一马车一马车地往外拉死人。到了 1964 年，情况好转了不少，每人的粮食定量有所增加，可能跟刘少奇的三自一包有关系。

队里有不少大学生，几乎全是右派升级。张元勋，青岛人，北大中文系学生。学生会文艺部部长。"鸣放"中，率先贴出题为《是时候了》的诗词，并发表演说，被打成右派，且直接抓走。按官方说的"一个不杀大部不抓"，他属于被抓的部分。后话：刑满后他在农场就业，俗称"新生队"。因去上海监狱探望几近疯癫的林昭，再次被投入监狱。

罗玉安，抚顺矿院学生，工人家庭。对现状不满，想出逃南斯拉夫。去北京，在大使馆门前趁大使刚进门，大喊着往院里跑。门房值班的冲上来，抓住罗的手腕，暗中狠劲扭。此时，大使听见喊声，往回走近罗。值班人员当着大使的面不便阻拦，于是罗便被大使领着进了大使办公室。会见之后，一出大门，小汽车等着呢，直接拉到监狱。过了两天，审讯员拿着一张南斯拉夫的"战斗报"指给罗玉安看，那上面有他跟大使谈话的照片。说，你把这个恶劣影响都弄到国外去了，知罪吗？后来判了12年。

陆正，人民大学二年级右派学生，浙江人。很少说话，但很有头脑。一次，他说，全国人民都学一个思想，十亿人民的脑袋都没用了？就因这句话，戴铐子惩罚。有人问他，你怎么喜欢蒙头睡？他说，我喜欢黑暗。

金丹，北工的，也是对右派遭遇不满，准备了很久，带着必要的物品，跑到云南，在中缅界河，还没游过去，就被军犬拉回来了。

还有一个大连海运学院的右派学生，汪立功，非常聪明，他经常提些数学难题，考考大家。他对我的解题能力很赞赏。他自己改装了一艘快艇，都冲到公海了，被海防部队追回来了。

曹为仁，上海人，年纪比我们大学生要大一些，文绉绉，书呆子模样。以为靠拢政府，努力劳动就能减刑。把狱友得罪了，自己身体也垮了。小组长被撤，还经常挨批斗，不久，病累而死。

余志航，飞行员出身，矮个儿，爱争吵，外号鳄鱼。

这期间，也出过事故。有个叫邹维国的学生，上海人，他的邻铺李天佑，是个刑事犯，怀疑邹汇报了他。有一天，在工地，李用钢锹把邹砍死了。我们也去了现场，看到了那个惨状。当然，过了不久，李天佑就被枪毙了。不知狱方怎么向邹的家属交代。如果不划右派，没有升级，他怎么会死在这里呢？

梁次平，北大数学系学生，文理全才，人送外号计算机脑袋。爱争论，绰号"火鸡"。

雷应芳，湖北人，放牛娃，红小鬼出身，曾当过李先念的通信员。脾气犟，外号麻雷子。本在保密工厂工作，因为骑自行车撞人，小事逐步升级，进来了。不偷不摸，品质好。

鞠昌林，霸县人，先在黑龙江兴凯湖劳改农场（属北京市公安局管辖）服刑。趁兴凯湖冰厚逃至苏联。辗转至莫斯科。因没啥本事，被苏方遣返回兴凯湖农场。怕其再度偷渡，调至清河农场。想休息时，腋下夹一用布包裹的烧热砖头，卫生室测温，发烧，病假条就开出来了。后被发现，受罚。

高一，老清华文科毕业，48年就为共产党工作了。反右中被捕，不知有无"老账新账一块算"情节。原在北京公安局所属的公安学校（后来的公安大学）教学。他在劳改大院管广播站。

刘明，我们都叫他老刘明，那时他已50了，戴高度近视眼镜，个儿不高，很精神。原在印度驻华大使馆当翻译，公安局跟他谈话，要他配合作些工作。他说，我只是搞技术工作，不关政治，民国时也这样，拒绝了。在三年困难时期，他建房，买建筑材料，被说成套购国家重要资材，逮捕，判15年，明显的蓄意报复。

谭炳文，《大公报》记者，文弱，哪干过体力劳动？在劳改队挣扎度日。

袁非，美术学院毕业，原在北京工艺美术厂工作。画马车轮子时，辐条画了16根，被说成国民党的党徽，判了8年。

一位大学生在学习会上发言，说白天在地里劳动，晚上编筐编篮子，自己觉得尽到力量了。但是，比起政府要求还差一些，最好每天再下俩蛋。队长在点名时批评道：啊？谁叫你下俩蛋了？

张凤良，不知其来历，他从来不讲案情，估计其刑期很长。此人最大特长是能吃生粮食。稻粒放在砖头上，用鞋底搓出大米，放入嘴中就吃了。所以，饥饿刑法对他无效。他的身体比其他犯人好些。他教会了我用柳条编提篮。

陆天杰，老北京人。住西四东大街，紧挨着西皇城根。其父留学德国，化工部高级工程师。陆天杰信仰天主教，跟西什库教堂（北堂）的张修士是朋友，而张修士教过我的数学。陆天杰会扎针，在劳改队和刑满队都派上了用场。在工二队赶过牛车。他急于回北京，没等落实政策就私自跑回去了。好不容易把户口迁回北京，但工作关系丢了，成了无业游民。他曾找民政局干部帮忙，该干部说"你卖个煎饼果子比我挣得还多，那工作关系要不要无所谓。"结果，陆没有退休金，吃了大亏。

"苦妹子"，忘纪他的名字了。大学生，江西人。娘娘气，老带着哭腔。胆小，柔弱。当时刚放过电影"苦菜花"，主角儿名"苦妹子"。发生地震时，他抱着院子里晒衣服的水泥柱子哭。把这样的青年打成右派，升级成反革命罪犯，简直是莫名奇妙。他有空就复习功课，就好像是来劳改队度假似的。

说起地震，大家都从窑洞跑到院子里逃生，只有李立胆大，在炕上动都没动。

1964、1965年，气氛宽松些，周六还允许搞个音乐会，大鼓，是用水泥袋子糊的，有自造的二胡、三弦琴之类的，叮咣作响也很热闹。

我自学简谱，后来又自学五线谱。靠着"中国名歌 200 首"，"世界名歌 200 首"练习唱歌。自造了一把二胡，罗玉安在养鱼池里偷鲤鱼，剥皮代替莽皮。后来有人捉到大蛇，又换成了蛇皮。弓子是在马号揪的马尾，还得冒着被马踢的风险。捡的罐头盒做琴桶，粗糙程度可想而知。

后开始练小曲儿，拉了一个星期，觉得实在难听，还吵人，就不拉了。张元勋就问我，咋不拉了？我说，我是学工的，没有音乐细胞，算了吧。张说，我听着进步不小，都有这个过程，坚持下去就是成功。于是，我又继续拉了。

为避免吵人，晚上我在院子中间水塔旁边练习。夏天，蚊子隔着裤子都咬人，我一边打蚊子一边拉，居然连刘天华的民族乐曲也能凑合着拉出来了。

余桂湘传奇

余桂湘，也是从兴凯湖农场调回清河农场的，我们俩铺位挨边，经常下象棋，很聊得来。

此人五短三粗，也就一米六，八字脚，做事说话豪爽。因为信任我，就讲了他的经历。

他堂叔是余立金中将，堂爷爷是国务院副总理余秋里。他根红苗正，在老家土改时曾打死一名地主成分的老头。参军不久，就当了排长，后来抗美援朝，到了朝鲜。

一次，在一个小火车站，敌机来袭，高射炮手被炸死，慌乱中大家四散逃命。他本来不是高射炮手，就把着高射炮乱打一通，瞎猫碰见死耗子，居然打下来一架敌机，从此成了特级战斗英雄，回国到处做报告。

女大学生出于崇拜，纷纷递条子，有的向他求婚。

他本来有老婆孩子，却骗人家说单身。那时，他也就三十岁左右，把一个女孩子安排在西单绒线胡同，肚子搞大了。老婆也发现了，有人告到上级，批评教育还要给处分。

此时他已是营长，在赵登禹路官园体育场操练时，因受长官批评，他竟然对本营官兵下令，向后转，跑步走，撤出了操练场。这下闹大了，他被停职反省。

有好事者怂恿他，老余，就凭咱这战斗英雄受这窝囊气！于是他跟本单位的领导吵骂，被脱去军装，送去土城监狱关押，实际上就是关禁闭。过些天，上边劝他说些软话，又给他送去军装，归队了。

他还是居功自傲，咽不下这口气，就上国务院去闹。先是跟女接待员吵起来，又用蘸水钢笔的笔尖把女接待员的脸戳破了，还抓起墨水瓶砸向国务院门口书有"为人民服务"的影门墙。

这下，性质严重了。他被弄到兴凯湖农场劳改队，但仍没有正式判刑。

在那里，他还是能得到照顾，当了犯人的小头目。王震到东北视察，还专门到农场了解余桂湘的思想改造情况。

一次，要送一个病重的老头去总场医院，余桂湘押车。走到半路，病人死了。赶车的人说，反正人死了，送医院也没用。天都快黑了，咱把人放在桥底下，明天再说怎么处理。余一点主见也没有，人家说啥，就是啥。就说，行。两人回分场了。第二天，再回到桥下去拉死人，一看，大腿被狼吃了。

这个老犯人，当过国民党的官，他女儿在东北一个机关工作。她坚持要看他爸是怎么死的。一看，腿被狼吃掉了，就向省里和中央告状，说她爸是非正常死亡。上级来调查，追责任，就追到余桂湘头上，因为是他同意把尸体放在桥底下的。于是，余桂湘被关了起来。

他对审讯员又骂又打，只得把他捆在椅子上审讯。因为骂人，嘴里给他塞上毛巾。他从骂单位领导，发展到骂共产党、毛泽东，被法院判了个死刑。他的原单位北京军区认为，判刑过重，提出抗诉，改为六年，这才送到清河农场。

听了他的故事，我送他一个绰号，"余三蛋"。我说，你骗人家女孩，算不算坏蛋？小事弄成大事，你算不算笨蛋？你不动脑子光听人家怂恿，你算不算混蛋？他咧着嘴笑，也不生气。之前他在工地他跟人打架，我怕他吃亏，就拉了偏架。此人讲义气，从此跟我关系更好了。

有一次，队长找我谈话，说我保护余桂湘，是靠拢政府的表现。其实，我根本没想那么多，我也是出于哥们义气才那样做的。可见，政府干部暗地里还在照顾他。

余桂湘文化水平低，头脑简单，直爽。中午在地里休息，他在农道旁的土坡上一躺，不大会儿就能打呼噜。他喜欢跟我下象棋，屡战屡败，败了再战，从不悔棋。他喜欢跟我聊天，听得出，他不说假话。他还喜欢跟我扳手腕儿，赞扬我的勇气。

余桂湘还给我讲了一些我从未听说过的事情。

朝鲜女人在战争期间出于性饥渴的本能，把志愿军战士往山洞里拉。志愿军战俘在美军的俘虏营里，不受虐待。可以娱乐，可以自愿选择去台湾或者回大陆。有的共产党员在俘虏营里也搞地下工作，弄死坚决去台湾的人。可是这些"光荣回国"的人，都被弄到唐山西边的拘留营中，进行甄别，不让他们接触社会，有些人后来不知所踪了。

文革开始后，清河一批犯人转到新疆，我也在其中。临别时，余桂湘恋恋不舍，把他的铝制大洗脸盆送给我了。后来无法联系，再也没有听说过他的消息。

农场琐事

虽然进了监狱，有些大学生仍然没有停止学习，利用工余很少的一点闲暇，有的学英语，学数学，学文学。也有的舍不得丢掉专业课，就好像将来一定能恢复学习和工作一样，大家都不肯浪费光阴。甚至心底幻想，说不定"天将降重任于斯人也，必先苦其心志，劳其筋骨，饿其体肤，空乏其身，行**弗**乱其所为，所以动心忍性，增益其所不能。"

冬天下雪，地里上冻，不能下地干活，就不出工了，组织冬训。读报纸，念文件，没人听，各想各的心事。

我和梁次平在钻研音位图，即弹拨乐器各音高所在位置。没有任何计算工具，用算术法开 2 的 12 次根，终于完成音位图，依靠此图，制造了四弦琴。

同监号有一位叫贾学忠，不像大学生。经常不出工，即所谓抗劳。常常在我旁边骂"孙子"，开头我不知所以然，没当回事。后来屡次这样，我就知道他确实是在骂我。我也没汇报过他，没损害过他，他这样做太欺负人了。

一天午饭时，他坐在炕上，我趴在炕沿，他又骂我了，我火了，上去一拳打得他鼻子流血，他用板凳砸我。后来我被队长叫到办公室，我就说了来龙去脉。

此时，他们一伙的，叫裴连仲，腰里插着镰刀，闯入办公室，问队长，你们怎么处理？你们不处理，我们就要处理。

队长对裴训斥道，这是什么地方，你忘了自己的身份了吗？用你管吗？叫他出去。

队长对我说，他无故骂你不对，但你不该先动手。我承认错误，队长叫我先回去。

隔壁屋里的金丹隔着窗户喊，我看你们谁敢动郝蕴仓？！人家老实巴交的，从不惹事。我也放出话来，除非你们一次把我打倒，否则一个一个来，咱们没完。

后来那伙人背后议论，没想到这郝蕴仓敢玩命，他们没敢再报复。

之后，我向贾道歉，不该先动手，此事也就不了了之。

再后来，我判断，贾学忠像是患了精神病。否则，他怎么无缘无故攻击我呢？我不该跟他当真。

天不亮，就得起床打饭，准备出工。在伙房小窗口，要先喊"毛主席万岁"，里边炊事员喊万岁万万岁，才能发饭。有人把刚剥的青蛙放在饭盆里，想让热一下，结果被热粥烫了的青蛙跳到粥桶里，吓得炊事员尖叫。还有人刚喊完毛主席万岁，扭头骂道，操，窝头这么小！

活宝马宝亮，在去厕所的路上，一个门一个门地报信，"大牛死了"，意即可以吃牛肉了。一次在稻田拔草，喇叭筒子放歌"毛主席的书我最爱读"，唱到"旱地里下了一场及时雨，小苗儿挂满了露水珠呦"，马宝亮直起腰唱道，"累得我就腰眼儿疼呦"，大家都笑了。

他老婆就在清河农场附近，接见日常来。老婆劝他好好改造，听队长的话，争取早日出去，不然的话就不来接见了。他说，我要是再犯错误，我就是你养的！

一次，收割稻子，稻田隔一农道，就是葡萄园。有人看队长走远了，就迅速越过农道，钻入葡萄园。偷来的葡萄，藏在稻子堆里。队长在远处有所察觉。地里堆的稻子很多，他逐堆翻查。快检查到藏葡萄那堆时，小瘸子侯某斌突然朝旁边的人脸上打了一巴掌。那人不明就里，两人撕扯起来。队长见两人打架，过来询问。翻查稻堆到哪一堆也忘了。到底没找到，只能一般地警告一下，不许偷葡萄。

有时队里低价卖葡萄给犯人，还有糖豆之类的小食品。怎样分得公平，成了问题。我利用垃圾堆里捡来的半截秤杆，配了秤砣，重新刻度，制作出一杆秤，能精确到一个糖豆的重量。

因为长期饥饿，加上吃了一些不干净的东西，我常胃疼、胆囊疼，后来查出是胆结石。因为在草岚子和功德林长期蹲监，得了痔疮，流脓血，没法干活，送我去总场医院，做了痔疮切除手术。医生护士态度还算好，也算发扬了人道主义。这次手术后，几十年没犯。

大概1966年5月份，一次收工回来，在劳改大院门口，看到挂了一条横幅，上面写着"横扫一切牛鬼蛇神"。我们都一愣，心想，又要整人了，但又一想，都关在这里头了，还能扫到哪儿去？第二天出工路上，梁次平给我念了一首打油诗：北国焚尸斯大林，兔死狐悲暗自惊。发动"文化革命"，横扫"牛鬼蛇神"！这梁次平反应敏捷，一下子就说到点子上了。文革伊始，他就能一语点破此中的图谋，高人也！

一次，我们俩讨论问题。他说，各项工作都应按照科学原理，周密计划，才能做出正确方案，否则就没资格干这工作。我说，你这学理的也太学究了，农民垒个鸡窝，不需要什么理论，凭经验就行。再比如，不知道馒头的化学成分，就没资格吃馒头？没讨论完，该开饭了。他刚吃完，就到我那屋门口招手，还要继续辩论。可见，给他绰号"火鸡"，多么恰当！

一次在场院干活，快收工的时候，发现少了一人，怀疑他钻进了大麦草垛，几个士兵用刺刀在草垛周围乱扎，也没找到。后来听说，他在夜间从草垛中钻出来，试图逃跑，但在界河被发现了，不知是淹死的，还是被电死的。各组被要求各派一人去看，意思是警告大家，不要想逃跑。

还有一次，一些女劳教队员在场院干玉米脱粒的活儿。一个女的拿个玉米棒子，夹在两腿中间，向另一女的前裆乱顶，嘴里笑着说，你老公的能有这么大吗？可见，长期关押，那些女人性饥渴到何种程度？

发配新疆

1966年夏天,400人在天津塘沽火车站上了闷罐车(拉猪拉羊的车)去新疆。大约走了三四天,才到新疆"大河沿"站。路上每到一站,有专派的犯人倒便桶,补充点水和食物。中途有干警上车查看地板,说是看地板是否潮湿,实际上是查看是否有人撬开火车地板逃跑。每一停车站,月台上都有许多民兵扛枪警戒,气氛恐怖。

在大河沿站下车,第一顿饭对犯人来说算是丰盛的,有炒肉片等几个菜。从大河沿往南疆,伙食一站不如一站。这一路坐的是汽车,在阿克苏那一站,有一警卫战士拿枪对着犯人瞄准儿,吓得人够呛。向队长反映,才不对着犯人瞄准了。

到了喀什市,我们住电影院,解手要报告班长,他不理。大家就改称报告连长、报告团长,也有起哄的味道。

最后一站,是麦盖提县的哈拉玛水库,属于塔克拉玛干沙漠的西部边缘。押车来的北京干警,交接完以后停都没停就转回去了。

沙漠里根本没有房子,头几天就露天宿营,早晨起来沙子都埋了半截了。犯人们割芦苇扎成把,搭在一米来深的沙坑上,就成了地窝子。

其实这个地方根本不是水库,而是一个自然的洼地,学习苏联的方法在沙漠上建水库。一看水清见底,大家就洗头洗澡,这才知道,水的盐碱度很高,头发都粘在一起,越洗越脏,就不敢再洗了。

我们的任务,是用独轮车推沙子筑坝。光是沙子,水渗透得厉害，蓄不了水，所以坝体中间需要用粘土，筑一"心墙"，两边用沙子堆砌，才能蓄水。水的来源，是叶尔羌河季节性洪水。叶尔羌河的水是淡水，可饮用，跟碱坑里的水一混合，就不能喝了。

干警喝的水，是犯人用毛驴车拉来的河水，犯人喝的，是初具规模的水库里的水，碱性很大。有一阵子喝得我拉血水，干活出汗多，明知碱水难喝也得喝，是真正的饮鸩止渴。

有一次，在水库边上洗澡。我往深处走了几步，两脚陷到沙子里，越陷越深。我看危险了，急中生智，憋了一口气，躺在水底，拔出脚来，往岸边滚，总算得救了。这种情况，喊人都白搭，来拉你的人也得陷进去。从那以后，再不敢在水库洗澡了。

在沙漠里，烧柴问题很难解决。附近的芦苇都被打光了，就派人深入沙漠腹地，挖干枯的树木，然后再派人去背。这个活非常危险，一旦迷了路，周围的沙包都差不多，无法辨别方向。去的时候，隔不多远插一根苇子棍儿，回来时还能找到路。如果风大，把标志物吹跑或者埋住，又变成没有方向了。背着100来斤的柴火，过沙包，迈一步滑回来半步，很难走。还不能穿鞋，鞋里头装满沙子，更难走。光着脚，在热沙子上走，烫得难受。走一段路，就得停下来，把两个脚往沙子深处钻，凉快一会儿再走。还有一个难处，就是饥饿。午饭带一个窝头，到沙漠深处，弄些烂苇子烤烤，什么菜也没有，根本就吃不饱。

在沙子地上推车，轮子陷进去一大截，推不动。有犯人发明了一个好方法，把一段一段的木头棍用铁丝连上，做成链轨，这才能推，链轨上还得经常浇水。随着坝体的升高，一人推车上不去坝，坝跟前还有几个专门拉坡的人。过去拉坡是用扁担钩拴根绳，用钩子去钩车时不好操作，还有车子碰人的时候。梁次平发明新工具，把钩子绑在一米来长的竹竿上，好用多了。

由于饥饿和劳累，死人和逃跑的事多起来。塔克拉马干大沙漠，即使有装备也无法穿越，更何况徒步了。一个叫马明的，与另一人一同逃入沙漠，被捉时只有马明，另一人被马明砍死吃肉了。不用说，马明被枪毙了。

听说只有一个人逃跑成功。他先逃至麦盖提县，冒充红卫兵串连，辗转回到北京，向公安局报到，要求在北京服刑。此事他算达到了目的，没再被追究。

王仁康，中国科学院右派，年龄比我们稍大一些。在挖弹簧渠那段时间，他是小组长。打饭的时候，一般是组长在前面，或者在最后。早晨打饭的时候，天还不亮，他先领头打一份，趁大家不注意，他排到本组队伍的末尾又打一份。因为人多，炊事员也没有注意到。有一次，他这种行为被副组长戴思明发现了。如果是他多吃一份，对大家影响不大。问题是，他吃多了，力气比别人大，他叫大家多干，给组里创成绩，也等于是给他自己创成绩，这就引起了众怒，报告给队长，开批判会，把他的组长撤了。

1968年，文革高潮，劳改队也搞大批斗，因一句话或一件小事挨批斗的，常有。

有一老家伙，孙德懋，无论批斗谁，他都第一个上去，又骂又按头，还带头呼口号。一次他喊"砸烂某某的反革命狗头"时，漏掉了一个反字，变成砸烂革命狗头。有人喊，把孙德懋揪出来，立马他也成了批斗对象，被按着低头跪下。

梁次平也被小队批斗，还被捆上吊起。梁忍着疼痛，一声不吭。

中队刘副队长见状，说关梁禁闭，实际上是救了梁。在批梁的发言中，多数人乱骂一通，表现一下。只有高一的发言份量重，上纲上线，几乎可当判决词。刑满后，高为此向梁道了歉。

环境恶劣，饥饿，劳累，如果再有病，那就完了。病号集中在一起，吃病号饭。所谓病号饭，就是把包谷窝头换成包谷糊糊。数量没增加，质量没提高。病号，仅仅是没出工而已，没有人照顾，没有治疗。有位王某友，年龄老大了，肚子肿胀。想死，就躺在地上，抓些碱土和水往肚子上堆。不久，就见不到他了。

推土上坝时，大家把车推到坝基跟前，就排队等着。不知什么原因，看到小队长张维殴打犯人王某峰。王当然不敢还手。张瞪着眼睛，一脸凶相。乘人之危，释放人性之恶，可能也是一种享受？讽刺的是，后来拨乱反正，改革开放，王刑满，也平反了，混得不错。打他的张，投奔王的企业，打工去了。正所谓，三十年河东，三十年河西，风水轮流转。说不定，冥冥之中，真的有报应。

有一次，一个犯人坐汽车去外边干活。车后有干警家属招手，他也招了一下手，惹祸了，说他耍流氓。那女人是向车上别的人招手。看来，犯人不被当人看了，出于礼貌，招下手，也算犯法！

有一次，我从坝上下来，空车放在路边。一辆汽车把我推土车的车把碰断了，说是我的错误。晚上，小队长点名，要我站出来，算是惩罚。

之后，居住条件稍有改善，每组配了一顶帐篷。当然，还是冬冷夏热。

一天，我在帐篷外拉二胡。一干警说，拉的什么玩艺儿？乱七八糟的。我没理他，他气呼呼地跑来夺二胡。

我争辩说，我拉的是刘天华的民族乐曲，既不反动，也不黄色。

他不懂，说，反正是封资修（那个时候的流行语，封建主义、资本主义、修正主义）。

高一听见争吵声，出来圆场，说，班长别生气，我们批评他，开他的会儿。

二胡还是拿去了。可能因为不是原则问题，过些天又还给我了。为了避免找麻烦，我也不拉了。拉二胡就又中断了。不然，我早就拉得像个样子了。

小海子水库

后来,我们中队被调到小海子水库。

我们推着车,步行去巴楚。路上,还是又累又饿。遇到有水渠,虽然混浊,但盐碱很少,用手捧着喝,那叫甜啊!我在歌曲"叶尔羌"中,就有一句"手捧河水那样甜……"。

我们在小海子水库北面一个叫"五公里"的院子住下。房子是以前犯人修的,墙壁是树枝子糊上泥巴。

床铺仍然是用草铺成的,炕沿是成把的苇子。臭虫多得很,我们坐在炕沿吃饭,都会被咬。我用热水往上一浇,一股臭气往上冲。晚上被咬得只能穿上衣服睡,脖子上一摸就是臭虫。

院子拐角处,有一出口,厕所就在那里。去解手,要先喊,报告班长。如果不喊或者他没听见,麻烦就大了。有一次,一个人夜里去厕所,不知道是没喊,还是声音小了,那班长过来,一脚把他踹倒在屎坑上。

小海子水库,是水利部挂号的大型水库,目标容量5亿立方米。春天时,存水基本上放完了,库区内散布着一些较深的水坑,水草里有很多鱼。夏初,从叶尔羌河下来的水,开始进入水库。库内深坑里憋了一冬天的鱼,沿进水的水沟逆流而上。鱼的密度很大,一条挨一条,都挤满了沟渠。劳改队伙房用牛车拉鱼,只需几个人用大笊篱或箩筐捞鱼装筐。牛车来不及拉,捞鱼的人只好停下来等待,大量的鱼都被放走了。

长期饥饿，营养不良。有鱼吃，大家都很高兴。但是，伙房的几个人来不及处理。于是，在院子里，一组一摊儿，都来剥鱼。不知是因为图省事儿，还是想多吃点，有的人把没剥的鱼也放在剥好的鱼筐里。这样，只放点盐巴就煮的鱼，除了腥味，还有苦味。肠胃不好的人吃了，拉肚子，不但增加不了营养，反而身体吃了亏。因为人多，天黑，也不知道是谁干的。素质差的人，到处都有，害群之马，并不少见。

　　有一次，从别的劳改队调过来一个南京师范学院的讲师。他的罪名是"放毒"，一直戴着手铐。院子外边，厨房旁边，有一狗窝，晚上就把李老师关在狗窝里，不久他就死掉了。实际上，就是故意把他折磨死。这种办法，比审判处决简单多了，人不知，鬼不觉，他就人间蒸发了。

　　我们组的组长，叫刘永增，北京郊县的农民，四十多岁，正值壮年。因为想表现好，争取减刑，他拼命干活，所以特别容易饿。他从伙房要来做馒头的碱面，每次喝糊糊时，都放一点。我告诉他，那个东西没有营养，吃了有害处。他不信，认为既然是做饭的东西，吃了总会有好处。结果，不久，他就胃穿孔，送医院的路上，就死掉了。

　　张锡增，是北京公交公司的修理工，老实厚道，跟我也说得来。之后来的组长张凯基，外号"老特务"，欺负张锡增，最后导致张锡增死亡。

　　因为这事，我打抱不平，在刑满前两个月，我写了一份报告，揭发张凯基乱汇报、不干活，张凯基平时反动言论多得很。

　　张反咬一口，说我汇报他，是打击积极分子。有一个指导员，姓朱，在晚上训话时，操着河南腔，说，有人觉得他快出去了，就打击积极分子。我们说，你出去出不去，在我手里攥着呢。

但是，管教干事是北京来的小刘队长，知道我的一贯表现，我从来没犯过监规。他不同意给我加刑，就召集组里其他犯人开会，验证是我说的对，还是张凯基说得对。结果，组里一致站在我这边，那姓朱的没办法，只好按期释放。

走出劳改大院那天，小刘队长送我们到"新生队"，在后面说，你们虽然刑满了，还要继续加强改造，尤其是郝蕴仓。我冲他笑笑，我说，知道，刘队长。

后来，我调到喀什市三师中学，与史悌共同请小刘队长吃饭，表示感谢。听说，原本计划给张凯基减刑，因为我的揭发，他的减刑被取消了。这是后话。

说实在的，张凯基没有给我小鞋穿。倒不是他善良，而是他要利用我。例如，挖渠道，组里领到任务后，需要放线，计划如何取土，如何堆土，需要计算土方量。如果把挖出的土推到很远的地方，费工，延误工期。如果开头把取出的土堆在渠道的近处，后来挖的土就无处堆放。还得倒腾一回，更费工了。所以，需要预先计算总土方量。而这活儿，他不会干，要依赖我。另一原因，是我也会抓他的弱点，进行反击。所以，他不欺负我，对我还有点敬重。就是因为他投机取巧，欺负别人，尤其是欺负张锡增致死，我才打抱不平。但我冒的风险太大，也有点后怕。

余志航，因为顶撞队长，被戴上脚镣。就这样，还要出工推土。大家都以为，这下完了。没想到，他居然撑到刑满释放。他所受的痛苦，可想而知。

1969年,我们在图木舒克挖渠。一知青模样的小队长,天黑也不收工,还经常用10挑竞赛的骗局榨取犯人血汗。他提着马灯来回走,他来了,犯人挑土筐子就装点土。他走了,大家就挑着空筐来回走。因为又饿又累,大家实在是没有力气干活。

犯人的粮食定量,本来就低,炊事员也是犯人,为讨好干警,就伙同干警多吃多占。犯人的粮油,被干警侵占不少。我们能吃到豆腐渣和苜蓿草,就算改善生活了。只有大节日,为彰显政府"革命的人道主义",大家能吃到一点肉,但从来没饱过。我们也多少年没见过鸡蛋的影儿。

右派之死

　　李兴，是北京电影制片厂的工人，是以反革命的罪名给抓起来的。农历1969年末，除夕这一天，他还好好的。第二天，1970年的正月初一，组里从伙房领回来包饺子的面粉和饺子馅，都在忙着包饺子，唯独李兴一直没起床。大家以为他病了，有人就去摸了摸，坏了，没有了呼吸，脸上冰凉，不知道什么原因死的。当然是按照惯例，用推土车把他推到戈壁滩上，找个地方草草埋了。可能连个标志也没有，从此就在人间消失了。不知官方怎么向家属交代。也许，根本不用交代，写个"因病死亡"了事。

　　1970年初，全国开展"一打三反"运动。每个县团级单位都要枪毙人，制造恐怖气氛。

　　劳改一队，枪毙的是赖若愚，历史反革命，早就定案，判了20年，并无新罪，这次也被充数枪毙了。

　　劳改三队，从北京来的一个大学生，因不认罪，戴着脚镣推土，完不成任务，还得向毛主席请罪，扣饭。他觉得实在是难以忍受，就发牢骚说，这样折磨人，还不如枪毙呢！有人汇报给指导员，问他是否说过这话，他承认说过。指导员说，你写个报告。他在一个纸条上写上，要求枪毙，不要宽大。他就真的被枪毙了。恐怕世界上找不到这样的法律，要求枪毙就枪毙。何况，他并非真心想死，而是受不了折磨，发发牢骚。哪知被队长抓住话把儿，步步紧逼，迫使他在"一打三反"运动中被杀。

也有少量支边青年进了劳改队，我们队就有一位。我记得他的模样，名字忘记了。"一打三反"运动期间，有支边青年因"反革命小集团罪"被枪毙。官方最忌讳的，是"小集团"。只要几个人聚在一起，说点对现状不满的话，就是"反革命小集团"。

1969年11月25号，要劳改二队去图木舒克小儿河滩挖渠。本来一天赶不到的路程，杨擎天队长为了表示他敢想敢干，要求一天赶到。天不亮大家就出发，到天黑也没赶到。没办法，就只能在戈壁滩上过夜了。带的一点干粮，很快吃完了，大家又饿又累。天气冷得很，也无法睡觉，连警卫也冻得不知道跑哪去了。有的人为取暖，把马扎、书等所有可烧的东西都烧了。

第二天早晨，还要推着车过河。河水过膝，冰冷难耐，连老乡骑的小毛驴，走到河当中也不走了，打死也不走。骑驴的人只好下来牵着走。有个叫张朴的犯人，对警卫说，班长，你也别吓唬我了，实在撑不下去了，你干脆给一枪算了。到达目的地，几天内连着死了几个人。

有位犯人，拉肚子，胃口不好，但早饭还舍不得不领，向小队长隽寿先请假。队长问，早饭打了吗？回答说，打了。队长说，能吃就得干，死也得死在工地上。就这样，他到了渠道边，直不起腰来，往下一蹲，怀里揣的小窝头，顺坡往下滚，粘满了泥土，他就拼命地往前抓窝头，他想等肚子好了还能吃。等劳动一阵小休息时，再回来看他，已经死掉了。队长叫人推来推土的车，把人往车上一放，他两条腿还耷拉在车外，就这样一甩一甩地被推走了，在稍远一点的沙包上，胡乱埋了。据说，身上像样的衣服也被扒了。

另一位犯人，也是有病，还被逼着出工。于是他捡了一个铁钉，用砖头砸进自己的太阳穴，当场死亡。

还有一个犯人组长，李启增，北京人，回族。因病给家里要药，家里寄来不少，他为了快点好，吃药过量，吃死了，身边散落乱七八糟的各种药片。

马德静，山东章丘人，从小跟着亲戚在北京学徒，后来上了个技工学校，也是因为几个小伙伴说了些政治方面的话，被当成反革命小集团分子给抓起来了。因为顶撞隽寿先，隽像对待别的犯人那样，叫他跪在地上，脱了上衣，用红柳条子抽打。哪知，马德静不跪，据理争辩，还摆出敢于拼命的架式。隽寿先一看，不好对付，骂了一通就放过了。为惩罚马德静，隽一冬天不给他发棉衣，并宣布，谁借给他衣服，就批斗谁。马穿个夹裤，硬是撑过了冬天。

这个隽寿先，还曾经在工地上，叫犯人脱了帽子、棉袄，跪在他面前。他裹着棉大衣坐在沙包上，用一根红柳条朝犯人头上打，一边打一边骂，我看你老实不老实？

还是这个隽寿先，在小海子水库洪水快决堤的情况下，贪污了200条麻袋，把几辆地排车也卖了，还栽赃犯人，说犯人对公家财产保管不善，被偷了。实际上地排车放在大院外面，无法看管。此事在水工团的广播中也宣布了，隽大概被判了4年，因为逃跑，又加了两年。因为他曾虐待犯人，不知该把他往哪儿放。

隽寿先刑满以后，也成了老三，没有了当年的威风。他家住在小海子水库南闸，也得自己打苇子当烧柴。一次，他推着一车苇子回家，路上有一较大的坡，他推不上去。马德静也是推一车苇子回家，比隽力气大，自己推上了坡。隽求马帮忙拉一把，马装听不见，径直走了。隽没法，只好把苇子卸掉，先把空车推上坡，再把苇子抱上坡。

　　不知这隽寿先是否后悔，当年在劳改队把马德静往死里整，不留后路。有道是：善恶终有报，天道好轮回。不信抬头看，苍天饶过谁？依我看，马德静不但不能帮他，还应该揍他。

　　冬天，每人发两双布袜子。一次，各小组的组长在我们帐篷里开会，有一人临走顺手把我晾晒的袜子拿走。丢一双袜子，就没有替换的，光脚冻得受不了，又没有来源，对劳改队的犯人来说，是很大的事。我怀疑，是一个姓郭的犯人小组长偷的，在他那里果然发现我那双袜子。他不承认，我说有记号，在袜子口用线缝了俄文XO（读音郝）。此事报告队长，开他的批判会，撤了组长。

　　王栗周，山东临朐人，老清华文科毕业，与高一同学，又在北京公安学校与高一同事。民国时，他曾参加过抗日的远征军，反右之初，即被逮捕，属于分批报复，老账新账一块算。至于他解放前也曾替地下党做过工作，就不算数了，判得还特重，15年。

　　他个子不高，但身体壮实，像个老农民，会干活儿，乐观，总是笑嘻嘻的，有空还读英语，吹、拉、弹、唱都会，在劳改队教大家唱语录歌。因为刑期长，出来得晚，赶上刑满人员连降工资。他正打算回老家代课教英语，平反通知来了，回北京公安大学，恢复公职。不久，离休。

　　他说，常在天坛公园散步，只要有人问起，他毫不隐瞒劳改的事。心说，你们想有那种经历还得不到呢！乐观、豁达性格贯穿始终。他邀我去玩，说要在最好的烤鸭店和我聚聚。天不遂人意，还没等到我去，他就仙逝了。

出狱无自由

1970年7月26日，我出狱了。毕竟有了一点自由，心里略微有些安慰。每月工资28元，除了饭钱，还能有点剩余。想起母亲，多年穷苦操劳，我无力尽孝，很是惭愧。于是我尽量节省，攒点钱寄给母亲。后来她考虑到我太苦了，不让寄了。

有一次，家里来信，排长江广平拿着我的被他拆开的信（剥夺政治权利两年，他有资格拆信），以一种戏弄的表情问我，这上面王桂华是谁？我说，你问的太多了吧？这跟政治有啥关系？他说他有权利看，我说你不能为所欲为，就吵起来了。

就因为"为所欲为"四个字，他把我弄进了一个所谓的学习班。学习班里还有解敬山、王富华等人。他要整的主要对象，是解敬山。江广平告诉我们几个人，要好好整整解敬山的态度。而王富华，为了表示靠拢政府，就想动手打人。我说，我这里记录，谁打谁负责。他不敢打了。

有一天，指导员找我，递给我一张纸，说，山东菏泽有一个函调，你写一下初中同学丁胜礼的情况，可以拿回去慢慢写。

我说，不用，很快就写完。我就在旁边写上：在我印象里，丁胜礼是农村出身的孩子，老实巴交，从不惹事。

指导员一看，说，不对。我说，咋不对？你了解他吗？指导员说，我哪了解呢？我说，那我就知道这些。

他的脸又变得难看，威胁道，如果案子涉及到你，到时候就被动了。我说，如果涉及到我，躲也躲不过，等那边法院发传票吧。他只能说，回去吧。

后来，我回到菏泽，见到丁，他说，是有这回事，领导打击报复，整我的材料，没整成。

这个工二队的队长，又叫连长，李秋生，背后人称李麻子，是新疆925起义的国民党兵。他为了表示自己政治正确，对我们这些刑满人员特别狠，经常叫加班，星期天出去推柴火，没有报酬，美其名曰"义务劳动"。

就这么一点工资，他还规定不许买这不许买那。梁次平买了一兜鸡蛋，李麻子叫梁次平交到伙房，大家吃。梁次平一赌气，当场摔到地上。李麻子叫各组开梁次平的会。就连雷应芳利用业余时间摘的沙枣，李麻子也叫他交到伙房喂猪。

因为劳动强度大，粮食定量少，我们还是经常处于饥饿状态，当然比劳改队好了不少。

有一次，我偷偷地买了维族人的馕。口袋上面的馕，还是整的，下面就是破碎的，显然是乞讨来的。就这，我也吃了，舍不得丢。

我买的24吋自行车，嫌小，想卖掉，再换个大的。一个维族人说，今天没拿钱，过两天一定给你送来。我又犯了轻信的毛病，过许多天他也不送。我知道他家，那天下午我就去找他，他把钱还给我了。

回来得有点晚了，走到山沟里，前不着村，后不着店。一个维族人歪歪扭扭地过来，一把把我的自行车拉倒，一脸酒气，用维族话骂骂咧咧。我也吓唬他，我说我们单位就在前面，你要打人我就找公安局。这时，前面又来了一个维族人，也喝醉了，我一个人对付他们两个，互相拉扯。

这时，前面又来了一个人，他们应该是一块儿喝酒的。幸亏这个人讲些道理，劝那两个人，不要把事情闹大。他一个人拉那两个人，拉住以后，叫我快跑，我慌忙把自行车扶起来，骑上车就跑，临走还被一个维族人在屁股上狠踹了一脚。

这件事情，其实是很危险的。维族人身上都有匕首，如果那两个醉汉有一个给我一刀子，就能要命。

从此，我得了个教训，晚上不外出，更不能上维族村庄。也许我命大，又闯过了一个生死关。

劳教刑满的黄庆云说，1969年中苏关系紧张时，团部曾有一个计划，一旦打仗，要把劳改犯和刑满人员杀掉。

血色"手铐"

大约1973年，我们队在小海子水库北闸小学校附近挖养鱼池。一天，在女厕所地上，写有一行字，"打倒毛主席"。公安来调查，认定是附近工二队的人干的，盘问谁收工晚？每人都要写，写"打倒美帝""毛主席万岁"，上交政法组鉴定。特别是"打"字那一钩是往下斜拉的。最后，他们锁定鞠昌林，把他抓到南闸看守所，不承认就上刑。他受不住严刑拷打，就承认了。过后，又觉得冤屈，翻案了。反复几次，被认为罪行严重，又态度恶劣，加重刑罚，背铐、脚镣，还压上石头，准备判死刑，择日枪毙。

说来也巧，几天后情况有变化，在储蓄所墙角发现了用刀刻的同样内容。鞠昌林已经被抓起来了，后一个"反动标语"，显然不是鞠干的。据说，后来破案了，该反标是知青的女儿写的。后来，这女孩受管控，家长也受影响了。鞠昌林案显然是冤案，只好放人。怎么交代？仅仅是补发关押期间的工资，受刑、受伤，都不算了，就好像没那事一样。由于铐子扣得紧、时间长，他两只手腕上各一只血梗子，成了永远摘不掉的"手铐"。从此，他出门就得戴护腕，遮盖伤疤。

"洋缸子"

一般汉人男子，在新疆难找老婆，更别说刑满人员了。

据我队上海交大的金昌考证，汉书上就有记载，说新疆阴盛、淫乱。女人不但多，而且生命力旺盛、漂亮。

梁次平打算找个维族老婆，为此，他加油学习维族语言文字，连上厕所也抱着书看。只用半年时间，新老文字都学会了。一般维族人，年轻人会新文字，不会老文字。年老的会老文字，不会新文字。梁次平新老文字都会，可以说比维族人还厉害。

梁认识了一个维族的小队长，会说汉语，他妹妹刚结婚不久，男人死了。维族人认为她命里克夫，不好再嫁。她哥就把她介绍给梁次平了，名字叫"尼斯列特汗"，不但年轻，模样也好看，是很理想的对象。

结婚那天，再怎么简单也得走个形式。梁腰中扎一红绸带，筹备一些饭菜招待客人。李麻子不但不支持，不让用伙房的炊具，还挖苦讽刺梁次平。我们几个朋友帮忙，总算应付了过去。

梁有一个包皮过长的毛病，到团部医院做手术，医生看是"老三"，就拿来做实验，说是一种新的方法。结果发生水肿，长久下不去，消不了肿，又歪又大，成了"死鸡巴"。以至于结婚后，"洋缸子"（在新疆汉族人对维族女人的俗称）对梁次平说，汉族人的"毡把子""亚猛"（厉害的意思）。实际上不是这样，梁是被医生整坏了。

尼斯列特汗学习汉语进步很快，能跟我们简单对话了。她介绍了维族的风俗习惯，许多风俗类似伊斯兰国家。妇女在家里地位很低，用葫芦背水是女人的活儿，常常有老婆婆去河里或涝坝背水。吃饭前要祈祷、念经。夜里房事后，要在太阳出来之前净身（洗澡）。热水短缺，一般就从简了，擦一擦完事。

　　维族人大多淳朴，买东西不还价。要么买，要么嫌贵不买。老乡卖杏子，买主先吃，吃完了数杏核算钱。他们很老实，该多少钱就给多少钱。

　　有的汉族人不老实，趁卖家不注意，把杏核扔掉一些。最后算钱时就少给人家钱了。维族人发现这个漏洞以后，就改了办法。汉族人买杏，当面数清，先付钱后取货。

　　维族人很少吃鱼。他们会用胳膊比划，"玛答样子嘛，也得。"意思是，胳膊长的鱼才吃，巴掌大的或更小的不吃。可能就是这个原因，水坑里或者碱沟里的鱼很多。上海支边青年很聪明，发明了"下盆子"捕鱼。方法是，把旧脸盆用布蒙上，用绳子勒住。布的中间挖一圆洞，把破袜子筒缝在圆洞上。盆子里放些油渣之类的诱饵。头天晚上把盆子放到水坑里，第二天可收获满盆子的鱼。因为，鱼钻进盆子里出不来。

　　一次，我们在莎车电影院看电影。后一排的维族人用维语聊天儿，梁次平扭头跟他们骂起来了。我问为什么？梁说，"他们以为我听不懂维族话。他们说，洋缸子肚子里装了汉族人的脏东西。"

　　在莎车二中，有同事半开玩笑地说，"老梁，我咋看着你那个小二就是个纯粹的巴郎子？"意思是他家洋缸子跟维族人生的孩子。梁说，他们就这种习惯，咋办？下不为例呗。梁的肚量真大！儿子还是当作自己的养。

平反以后，梁次平有机会回内地。西南民族学院缺少维语教师，听说梁次平新老维文都会，欢迎梁去任教。但梁的老婆不想离疆，怕在内地不习惯。如果梁一人回内地，势必面对抛妻舍子的局面。何况，老婆嫁过汉人，再婚难度更大。梁不忍心，就迁就了老婆，在莎车二中安家了。

在李麻子的工二队，虽比劳改队好一点，也还是相当于半奴隶。工作定额高、生活差。为减少体力支出，我把推土车的车箱做了改造。原来车箱板在底板上边，我给它改成车箱板罩住底板。这样，量土方时，高度就包括底板的厚度。一般量方时，长、宽、高，其中的高就按侧板的高度计算。这样计算出的体积，就包括了底板的体积。

有一段时间，我在小海子北闸山上砸石头仔儿，用来做混凝土。砸小石头仔儿，慢，费力，常常完不成任务。高一负责收方，他不会计算四棱台体积，只会量台体的上口长、宽，下口长、宽，加以平均，再乘以棱台的高。算法错误，不公平，且难以完成任务。我告诉他正确的计算公式，他嫌麻烦，还是稀里糊涂估算了事。

在劳改队和就业队，除了官方的惩罚以外，还有些意想不到的麻烦和危险。

一次，队上的职工陈某国，四十多岁，当过国民党的兵，身体强壮。在收工路上，没人的拐弯处，他无缘无故地向我挑衅，要打架。按说，我打不过他，但我不能胆怯，互相推搡，后来有人来，也就算了。他也知道，闹大了，我不会善罢甘休。

事后分析，是李麻子收买他当打手，想教训教训我。怪不得，我刚到这队，梁次平就对我说，李麻子坏，还跟我说了队里比较坏的人，其中就有陈某国。

给刑满人员的待遇，越来越低。罗玉安出来时，降为24元。理论上恢复公民权，应同工同酬，但实际上不是这样。后来还有更低的，刑满后没工资，划一块荒地，你种去吧！

罗玉安干活不卖力，一次正在帮别人装车，见李麻子过来，为了气他，干脆一点也不干了，拄着铁锹眯眼看李。李说，罗玉安呐罗玉安，我看你将来怎么下台？罗说，我从来没在台上，不存在下台问题。李麻子在开组长会时说，要不是国家法律，我李麻子管不了北京来的这帮人？！

队上一马姓工人家里寄来的粮票，被收发员窃走。该收发员是支边青年，属"基本职工"。几名工人围攻他。团部政法股陈姓股长来队弹压，操着河南腔说，"有人说，政治就是欺骗。我们说，也可以这样讲。不服是不？那咱就骑驴看唱本儿，走着瞧！"

前进水库

1974年，我队一个排重返前进水库。我们的任务，是在麦盖提西边大约20公里的叶河边上，建设分水闸。

从小海子北闸到那里，推车要走两天多。第一夜，我们还睡在窑坑里。大家分散前往，有快的有慢的。干部坐汽车，半天就到了。

工地所在地叫亚洪达，就在叶尔羌河边上。在这里建了分水闸，就可以由此向前进水库引水。

各团场分配任务，上交树枝，用铁丝扎成捆，用来筑坝。这种材料，用不了几年就烂掉了，实际上是劳民伤财。

附近最近的巴扎儿（集市），是麦盖提五公社，我们星期天常去那里逛一逛，买东西。

有一家裁缝铺，女主人是山东平原县人，也算老乡。她家是在大饥荒的时候逃到新疆的。聊到我的经历，她很同情，说，我给你介绍个对象吧，试试看。要介绍的对象，在莎车县二公社，她叫王爱华，离过婚。

女裁缝的丈夫，和王爱华的爹一样，因偷粮食被判了刑，在牌楼农场服刑。

我决定去试试看。

去莎车县二公社，没有车可乘，只能步行。第一天，从亚洪达走到麦盖提六公社，天色已晚，我还没有路条。

当时闹二号病，设了许多卡子。我找到六公社医生牛大夫家，说明难处，请他给开个路条。牛大夫很和善，马上给开了。

无处住宿，我就在一个大麦草垛里睡了一夜。半夜有维族人巡逻，问，"你是谁？"我说，过路的，没地方睡。他一看，我也不像是坏人，就没管。

第二天，我继续走。快到叶河大桥，又有维族人拦路。我说，我去大桥上找解放军。耽搁了好久，终于让我走了。

到了叶河大桥，又被一个维族民兵队长拦住了。

从大桥两边过来的，都要下车，坐在一处，等待发落。

我问一个守桥的解放军战士，为什么让他们这么干？还拿着冲锋枪吓唬人。那战士说，他的枪打不响。我说，为啥？他说，打响了的，能给他吗？

又渴又饿，还没处买吃的。

我忽然间想起一个智力测验。警察每分钟睁一次眼，看见桥上的人，就说，回去！过桥需要两分钟，问用什么方法才能过桥。答案是，你前一分钟走到桥中间，立马转身；他说回去，正是你要去的方向。

这时，从桥南过来一辆拖拉机。照例，所有人都得下来等候发落。

我趁拖拉机刚发动，还没走，主动走到队长跟前，说，我要往南去，你不让去，在这坐了好久了，那我回去还不行吗？说着，我就爬上了拖拉机。

他一听我要回去，就没有坚决阻拦。

于是，我就去了我要去的往北的方向。

因为人太多，他已记不清谁要往南谁是往北。他还没反应过来，我就已经搭车走远了。

各色人等

几经周折，我终于找到汉人盲流殷秀赞。他说，王爱华一家早就搬走了。既然来了，你就先住我这里吧。我们互相介绍了情况，谈话很投机。他说，一看你就不是坏人，要不怎能初次见面就留宿呢。他老家在河北农村，也是大饥荒时逃出来的。

他说，在公社大队里劳动，多干多赔，少干少赔，不干不赔。你想，一天的工分也就一两毛钱，连口粮钱都不够。你如果多干，衣服磨得快，还得多花钱。

他岳父也是盲流，有人给他女儿介绍对象，最吃香的是干部，其次是工人。可他岳父另有看法，说，这年头没杀他爹的心，能当上干部？所以他决定，宁可把女儿嫁给盲流，也不嫁给干部。当时，殷秀赞家有老婆和小女儿霜莲。

他给小队种菜、养猪。除了供应小队社员的蔬菜，可挣工分和口粮，他还有额外收入。早晨黎明前装菜，拉到城里市场去卖，小队的人都不知道。一次，我们俩一块进城，买了些水果点心，送给商业局会计，请她给补一张卖猪的条子，因为殷把上一次卖猪的条子弄丢了。反正是公家的事，那会计乐得送个人情，就给补了。如果没这个条子，那头猪钱就没了。殷很会办事。在小队里，把小队长伺候好，社员谁也不敢欺负他。

我看见这小队的一个维族人追打一个女人，嘴里骂个不停。我问老殷，咋回事？老殷说，他女儿出去放驴，丢了一头。老婆打女儿，那男的说，不会算账吗？女儿重要还是毛驴子重要？可见，民族不同，感情是相同的。

老殷讲，他们公社一维族干部，把一位偷公家玉米的汉族人捆起来，脖子上挂一串玉米棒子，拉到大会上示众。公社的汉族书记问，是不是所有偷公家粮食的人都这样处理？维族干部说，不是。汉族书记从中看出民族矛盾，就着手调查该维族干部的材料。一般干部都不干净，诸如多吃多占、贪污受贿、违法乱纪，等等。可以说，一查一个准儿。结果，把那维族干部赶走了，同时震慑了其他维族干部。

要说民族矛盾，不能全怪维族人的排汉情绪。有不少汉族干部，特别是握有权力的书纪，把来自内地农村的亲属安排工作、农转非、提干等行为，挤占了当地维族人的机会。此外，还有高考移民，新疆高考分数线要比内地低很多。

老殷身处社会底层，总结出一套生存之道。他说，该狠就得狠，该坏就得坏。他曾在一个小队待过，队长欺负他。在离开那个队的时候，他请队长一块喝酒，同时叫家人在队长羊圈里投毒，把几只羊毒死。他出了气，队长也不会怀疑他。

我给殷建议，买个小机器，磨面粉，家家都需要，生意错不了，他接受了。

我在他那住了十来天。想走，他再三挽留，因为我天天帮他干活，是个好帮手。那时没有手机、电话，连信都不通，我担心回队晚了，不好交代。他说，等疫情过后，他叫内弟骑自行车送我。从他的住处，穿过叶河（有摆渡点）到麦盖提五公社，没多远。后来，就是这样把我送回队里的。

魏绍武，甘肃人，已经是老头了。他当过国民党南疆督察员，是个不小的官，见多识广。在我见过的甘肃人中，是少有的文化人。他爱讲故事。他当官时，有一维族人娶了一位小姑娘。晚上，只听女孩喊叫，"维加，啊斯达！"意思是，哎呀，慢点吧！

刘长学，四川人，年轻。一次在组里发言，他说，我们工二队，没有毛主席，只有李队长。听李队长的，就是听毛主席的。李麻子听了组长汇报，又气又不好发作。找刘个别谈话，说，刘长学啊，你来队上有些年头了，算是老职工了，我李麻子没亏待过你。你看，你怎么说那话呢？

李麻子经常手拿"红宝书"（毛语录）说，毛主席教导我们……其实，他后面说的，都是自己的话。一次他说，自觉，自觉，哪这么些自觉？解放军过长江，都是自愿的？被我们抓到把柄。我说，照李队长的说法，解放军过长江，是被迫的？

李麻子训话，星期天修修工具，缝缝补补，别到处乱跑，这生活不是挺好吗？我说，真是的，连国家宝贵的黄土都让你们推，你们还要什么幸福呢？！我说这话，故意让李听见。

雷应芳在帐篷里听收音机，也倒了霉。有人报告副队长"张大肚"，说雷偷听敌台，苏联广播。雷被麦盖提县公安局抓走，关了2年，可能不好定案。

一天，麦盖提法院两个人找我核实材料，说，雷应芳听苏联广播时，你也在那个帐篷，你听到广播里说些什么话？我说，只听到音乐，像是苏联的，没有汉语。看来，他们要定"偷听敌台"的罪名，没有根据。

不久，放了雷应芳，又是补两年工资，别的就不提了。那个年代，冤案层出不穷。

张大肚资格很老，屡因"嫖风"升不了官。据在亚洪达看守房屋的维族洋缸子讲，为了嫖宿赵树源的维族老婆，张大肚故意把赵作为男工调走。

筑坝工程中，我作出了一项贡献。高一负责在坝面收方，掌握尺寸。设计的是黏土心墙，两边是碱土保护层（防冻）。保护层厚度30公分，是指垂直于60度坡面的深度。如果水平面上30公分宽，保护层的厚度就差得远。

高一说，多年来都这样。我说，都错了。如果还这样做，不但多用了粘土，还因保护层薄而冻裂坝体。我画图给高讲解，他明白了，改过来了。碱土随处都有，轻，省工。黏土需要从远处运来，重，比碱土多费几倍的工。

周玉敏，山东文登人，高个，容貌姣好。大约1954年，新疆兵团去山东招女兵，实际上是给新疆老兵找对象，周报名来疆。当时是王震主政新疆，实行"共产共妻"，把周分配给一个老兵，周不满意。结婚当晚，被人推进屋里，把门一锁，就这样吧！周大闹一场，无奈抗不过压力，勉强结婚了。因为看不上这个老头子，夫妻感情不好。文革中周受到冲击，说她作风不好，受了些侮辱。此时，她老头子担任医院书记，也出事了。周趁机离婚，嫁给了曹德志。

曹是湖南郴州人，是王甲芝的远房舅舅，王甲芝即是我后来的发妻。曹德志想把周玉敏安排在湖南老家，周在那里工作生活很不如意，还想回新疆。王甲芝家在湖南的栖凤渡正源村，是党员，年近三十，没有正式工作，也没成家。她听了周玉敏的话，到新疆来闯一闯。

周和曹领着王甲芝到了新疆，安排在麦盖提县三公社。刚去的时候，是给大队看果园，周也以修缝纫机和收音机来补贴生活。因为技术还不过关，经人介绍，请43团机耕队的熊吉光（上海交大右派）来传授技术。期间，曹暴病而亡，周嫁给了熊吉光。周和熊打报告给麦盖提县教育局，要求将熊调到麦盖提县二中。事情办成了，二中同意接受。熊此时是43团教师，突发脑梗。麦盖提县二中领导说，病了也要。就这样，熊调到了麦盖提县二中。

熊在43团一校数学组时，与我对面。他说了一句很有见地的话，"四人帮"的名称不对，应该是"四帮凶"。言外之意，还有元凶。

王甲芝在周玉敏家帮周做家务，照顾孩子，觉得这样不是长久之计。期间，周给王介绍了几个对象，都不合适。我因要买玉米面，在"盲流"宋永振家巧遇王甲芝。聊了一会儿，她对我有点好感。但我一听她是共产党员，不便多聊。为免多话，我就说，我上过大学，坐过监狱，但是什么罪都没有。不想，她更感兴趣了，追问了不少，最后，居然表示愿意跟我。天色已晚，回不了队上，我就在屋外草堆里凑合一夜。

队上听说我找到对象，指导员周天民找王甲芝谈话。

问：你知道他什么身份吗？枪杆子押来的。

答：知道。

问：知道他多少钱吗？

答：知道，28块。

她的回答，证明我没有骗人，已把实情和盘托出。

我找队长请假，要去小海子团部办手续。

队长李麻子说，毛主席号召我们，抓革命促生产。你为私人的事耽误工作，合适吗？

我说，工作天天有，照你的说法，永远也不要办个人的事了。这事是一辈子的大事，总得耽误点时间。

他无言以对，说了声"滚"。

我恼火了，忽地坐到他旁边。我说，你刚才说啥？叫我滚？我是人，不会滚！你给我滚滚看看。

他一看，我敢跟他干仗！他自己走出了帐篷。

我再找指导员请假。

指导员说，这事也不是不能办嘛。你跟队长闹僵了，叫我咋说。我说，你把因、果弄颠倒了，是因为他不批才闹僵的。

我问，我们这样的人结婚合法吗？他说，我不说不合法。

我又问，你这一级批不批？他说，我不说不批。

我说，事实上你们没批。他又说，你们这个排移交给前进水库了。等一等吧，到新单位再办。

在这个空档，王甲芝无处安身。

马德静说，管他嘞，找个空房子住下再说。

不远处有一个维族人的旧水磨坊，废弃已久。我弄了些破木板，搭个简易床铺，就住下了。晚上，等帐篷里大家都睡下，我悄悄起来，去水磨坊。天亮之前，又回到帐篷，组里谁都不知道。

到春节了，二公社有一个老头张大爷，去他女儿家住，他就叫我们暂住在他家。

没有粮票，没有米面，就用我妹妹寄来的头巾向维族人换了五十斤玉米。用四块钱买了一头瘸腿的毛驴（维族人不吃驴肉），就这样凑合了几天。我原来也计划找个维族老婆，请我妹妹寄来头巾，想派用场的。

没有户口，单位没房子住，此时王甲芝又有了身孕，她只好暂时回湖南老家。

本组工友盛宇田借给我150元钱，后来我卖自行车还给了他。

回家以后，甲芝肚子大了，没有结婚证，遭本村村民嘲笑挖苦，急得不行。

我拿着她的信，找到本单位肖立达政委。我说，这边叫那边出证明，那边叫这边出证明，这样拖下去，要出人命的。

肖政委开恩，对政工刘干事说了一声，给他开吧。

刘干事写的证明中，有一句"我处职工郝蕴仓与你大队社员王甲芝准备结婚……"。

我问刘干事，肚子大了，还说准备结婚，不合适吧？

刘干事说，没有结婚证就是没结婚，我们代表一个单位，不能违背原则。

就在这时，我往纸上瞅了一眼，"准备"两个字，正好是一行字的末尾。我灵机一动，心想，有办法。就说，那就这样吧。

回来后，我把"准备"俩字擦掉，意思就变成了已经结婚。果然，她们大队干部说，早有这张纸，不是早就办了吗？一点破绽也没看出来。

结婚成家

1974年，加工资，水管处处长王连亭和工二队队长李秋生办了件坏良心的事，没有任何理由，就是不给我加。

宝贵的5元！像王连亭、李秋生这样的人，可以胡作非为，居然没人管。怪不得，这种人口口声声，"还是社会主义好"啊！

在那物资缺乏的年代，单位进了紧俏商品，例如缝纫机、自行车、甚至热水瓶，当官的先分了，职工没有份儿。老三更不用提。

王连亭老婆原在工二队干活儿，他把她弄去机关看电话。同是机关干部的亚大胡子，老婆身体不好，要求干这个工作。王连亭理屈词穷，耍起了流氓：我老婆行，你老婆就不行，咋啦？！

1975年，我妻携子返疆，路上就听说我没加工资，因而生出苦恼和害怕。见我的第一句话就是，恐怕要领着孩子要饭了。

我不知说什么好，凄惨地说，实在不行，还回去，我想办法借路费。后来，她参加"五七"班，可分点菜，就这样勉强度日。朋友凑钱送了点炊具什么的，大家都穷，想大方也没能力。我没有休息过星期天，没柴烧，星期天推车去戈壁滩上割芦苇。冬天为走近路，在水库冰上走。春天化冰时，有一次连人带车掉进水库，幸亏我靠近沙包绕着走，水浅，没淹死。

平时，我白天在队上干活，晚上走四公里路照顾家里。

我在七连门口的渠道里捞鱼，为家人补充营养。1976年，女儿出生，要不是捞鱼补充营养，根本养不活她。

我们所住的七连，前面有一条大水渠（吾依布代渠）。此水渠是从叶尔羌河流下来的，没经过水库，是甜水。对着七连有一闸门，闸门下边形成"跌水"，鱼比较集中。

我用钢筋做成铁圈，直径连着半圆弧的样子。织个小网拴在铁圈上，再把铁圈绑在竹竿上。捞鱼时直径边贴地。渠道边上有水草，里面有鱼。每天都有收获，多则两公斤，少则半公斤，没有空手过，有鲫鱼、鲤鱼、大头鱼。最好吃的是大头鱼，什么佐料都不用放，光撒点盐巴水煮，就浮出一层油。据说，这是新疆独有的近于绝种的珍贵鱼种。儿子跟着我捉鱼，怕他乱跑掉进河里，我叫他捂住鱼篓，他认真地捂住不动。

大约是1976年8月份，一来是响应政府号召，二来是养不起，甲芝就做了结扎手术。

卫生队的医生看人下菜碟，看是老三（三类人员：刑满释放人员、解除劳教人员、管制人员）的家属，就让一个生手练手，手术质量很差。

手术后，还得喂奶，买不起营养品，只能吃些包谷馍、面条之类的，鸡蛋都买不起。身体受损伤，后来再也没有康复。结扎后，奖励了50元。

有个别人，如魏国梁，背后说怪话，阴阳怪气地说，甲芝跟他图啥？图他鸡巴大？真够恶毒的！

收入太低。有时，甲芝给队里的单身汉洗被子、衣服，挣点钱。为省钱，我在戈壁滩盐碱坑捞盐。戈壁滩挖甘草，跑几十公里推车送到麦盖提，才卖几块钱。单位分点大米，舍不得吃，用来向维族人换玉米。一斤大米可换4斤玉米，弥补粮食定量之不足。维族人用大米做抓饭招待客人，很有面子。但新疆干旱，产大米的地方不多。我身上穿的衣服，补丁摞补丁，补到没法再补了。

工二队伙房，常年的是大锅煮菜，一般5分钱一份儿。偶尔卖肉菜或鱼，三毛钱一份儿，一家只能买一份儿。干部的暗箱操作，另当别论。我不忍心自己一个人吃，总是拿回家里给妻儿吃。粮食定量不够吃，盼望每天早晨多100克包谷糊糊就好了。甲芝很贤惠，就那么一点定量食用油，总是等我回来才用点。她和孩子吃的菜，基本上就是盐水煮。

一天，我回到家，甲芝说，工人张某泉的孩子，一个已经不算小的丫头，当众嘲笑我儿子，像个小要饭的似的。

我心里涌起一股悲伤、愤怒，当即找到她家。

我问，我儿子到你家要饭了吗？

她家大人陪不是，说孩子不懂事，别跟她一样。

我感到自己太悲惨了，干的是牛马活儿，吃的是猪狗食。"老人折断腰，儿孙筋骨瘦"。比杨白劳还惨。泪水夺眶而出。

在昏暗油灯下，甲芝烧苇子做饭，儿子趴在破饭桌上睡觉。这个画面深深地刻在脑海，可能终生不会忘了。

同院儿里，有一甲芝的湖南老乡，邓彩梅，对我家友好、同情。她两口工资高些，生活比我家好，但从不小瞧我们，总是喊甲芝领孩子去她家玩。即使这样，甲芝总是叫孩子吃饱了再去，哪怕包谷饼子，也要叫孩子吃饱，避免到了人家家里，要这要那。

儿子三岁多，老是跟着别的小孩爬拖拉机的后桥，不但一身泥土，还有被拖拉机压死的危险。

甲芝一边在"五七班"种地，一边担心儿子安危，令人揪心。

管水的单位，周围水沟、水坑、渠道很多。队上职工黄某德的儿子，与我儿子同岁，在拱桥下大渠边玩水，淹死了。为此，黄某殴打老婆，骂道，"你，一个家属连孩子都看不住，有啥用？"就是从这事引起，家庭不睦，最后离了婚。

那天，我儿子也在那里玩水，命大，幸免于难。

甲芝在"五七班"劳动，有时也受气。怀女儿时，没力气，翻地不够深度。班长是干部的老婆何某英，检查翻地质量时，问，这是谁翻的？旁边人说，大肚子。还有人说"二话"，分菜时来啦，干活不咋的。没办法，这种话也得听着。

还有一件事，甲芝讲，有一天夜里，有人敲窗户。这是坏人试探。我有怀疑的目标，但没有证据。反正我是做好了准备，一旦知道是谁，坚决跟他斗。

家里只有一只母鸡，女儿每天等着吃那个鸡蛋，后来鸡被偷走了。想再买，又没钱，好难受。

闲谈中，王连亭听到这个情况，竟然说"公家的大牛还被偷了呢！"俗话说，恻隐之心人皆有之。这姓王的，不愧是造反派出身，没什么人性！

我住的房子，墙是用土堆起来的，当地人称为"干打垒"。矮得很，屋顶还有个大窟窿。因为很少下雨，我也没管它，权作采光用。没有电灯，点个如豆的油灯，还舍不得长期点。冬天取暖，靠"火墙"，一般是用薄土块垒的。我那屋里火墙也没有，垒个灶，盖上破锅当火墙。柴草不充裕，舍不得多烧，只在睡觉前烧一点。连张正规的床也没有，在地上楔几根木桩，架几块板子就当床了。

孩子小，没有摇篮，没有推车。我在水塘里割蒲草，编成筒形草囤子，把孩子放里边。孩子稍大，我用木头制作一辆推车，练习走路。

床上缺少铺盖，我用蒲草拧成5公分厚的草垫子，相当于日本的"塌塌米"。身子底下既不咯得慌，又暖和。

我们住的七连，很偏僻。别说没钱，有钱也没地方买东西。买酱油、醋，得走好几公里，去"英尔曼"。买豆腐，得去43团，更远了，而且不是天天有。肉食就更没有卖的，只在过年时，单位分一点肉。

要想吃肉，只能自己养猪。公家供应饲料，条件是猪要卖给公家。猪头归己，肉卖给单位，参与分配，扣除饲料钱。

我去三公社某大队的猪场，买了一头半大猪，17元。当时，维族大队开展养猪积肥运动，老乡们并不积极。一是信仰伊斯兰教，讨厌猪。二是不会养，像喂羊似的，撒些草在猪圈里完事。所以，那猪瘦得皮包骨，猪场以失败告终。

买回来猪，甲芝又得割猪草，煮猪食，增加了负担，还得烧柴草。我想改一改方法，改成喂生饲料。开头，猪不吃，饿了两天，开始吃了。后来，它逐渐适应了生饲料。我们把猪草、菜叶剁碎，拌上包谷面，即可。

平反后，我调到处部学校。我挖的猪圈，圈门儿没搞好，猪跑了出来。因为它瘦，跑得比狗还快。我追了一阵，追不上。甲芝说，算了。我有些舍不得。

过了些时间，这猪在戈壁滩找不到食物，它自己又回到猪圈，我赶紧弄好圈门。总算是没丢了猪。

住房旁边，就是放水的大渠，外单位来水库买鱼，总是在渠道边剥了内脏和鱼仔再运走。所以,可以捡到许多鱼仔和鱼内脏。猪一时吃不了,就晒在屋顶上。正好我家的猪能吃生食,所以它很快肥起来。

这期间,赶上加工资,名额百分之二。机关干部争执不下。这时,卫生队的李平说了句公道话:大家都别争了,新来的郝老师,工资那么低,应该给人家。于是,给我加了一级工资。

那些年实行的加工资办法,上面给定个百分之几的名额,让下面的人去抢。名义上加工资,实际上大部分人加不上。官方有说词:你条件不够,比不过人家,怪谁呢?!

不久,我要往43团一校搬家。卡车的前半部坐人,后半部是猪和几块破板子。送我们的司机朱锦林说了一句话:有本事的都走了!我心想,这个单位把我当人看了吗?

到了一校,我又挖了猪圈。养猪办法还是那样,由公家供饲料。没想到,这头猪最后长到300多斤。我的工资又涨了,甲芝也有一份儿。这时,我们才算摆脱了赤贫境地。

在商店买了一只内地的冻鹅。我说,马上吃。甲芝穷日子过惯了,说等过年多个菜好些。挂起来风干(没有冰箱),到过年时,干得成柴火了,只得扔掉了。

我们吃的水,很不清洁。当时没有自来水,一个单位一个"涝坝"(水坑)。水是通过渠道进涝坝的,平时,渠道里积存了牛羊粪、垃圾,甚至屎尿。一放水,就进了涝坝。没办法,就这种条件,大家都得忍着。

每逢春节,团里举办民兵打靶活动。依我看,其用意是震慑,尤其是震慑维族人。

43团一校，当时在南疆那一片是"名校"。自从恢复高考以后，该校升学率名列前茅。主要归功于以周老师为代表的一批"下放"右派。我与周未曾谋面，听说他是科学院的研究员。他当了右派，被监督劳动，曾挑粪种菜。拨乱反正后，他到一校教书。教学成绩，从学生高考升学率就能看出。不但兵团各团场纷纷送孩子来一校上学，地方上麦盖提等各县也争相送孩子过来。

这本来是好事，说明大家重视教育。但是，随之而来，出现了"泥沙俱下"。1984年高中招生，大河沿来了韩姓兄妹。女生，几门功课总共考了14分。基础差，数、理、化考0分似乎还不算奇怪，语文居然也是0分，这就有点奇怪了。

我问语文组组长张斌老师，怎么给人家判的卷子？张老师说，作文题目是"雏凤清于老凤声"，她连作文题目都没看懂，文章内容自然是胡诌，只能给0分。我说，那问答题呢？张说："问答题也不行，就拿第一道送分的题来说吧，写出汉语拼音："建设四化，振兴中华。"她连汉语拼音也不认识。其他的问答题，答非所问，怎么给分儿呢？"

我问校长李祖根，这样的学生，你都招进来啦，从0教起吗？教不出成绩，且不说老师丢脸，学校名声还要不要？校长说，我做不了主，团里硬塞的。我说，团里这样做，是自己拆自己的台。校长说"团里也没法儿，这学生他爹是大河沿物资分配站的头儿，惹不起。你要不接收他的孩子，他给团里小鞋穿。该给的化肥、农药等生产资料，他不给或少给。团里的生产上不去，这么多人的生活咋办？"我听了这番话，长了不少社会知识。我说，照你这样说，就没办法对付那姓韩的啦？校长说，等国家治他吧！

一校的小学部老师，基本上全是上海支边青年，素质好，水平不低。毕竟来自大上海，见多识广。他们都用普通话教学。我的两个孩子，都在本校读书。初中部的老师，有师范毕业生，有支边青年，也有转业军人。我们数学组的于某文，就是部队转业的。听说有一次学生捣乱，于老师把袖子一捋，"来个三个、五个不含糊！"并用甘肃话骂道"瞎怂！"

1984年，我教的班里学生张小君，考上了杭州医学院。她爸张德裕老师全家高兴得不得了，三个孩子中就她有出息，还长得俊美。没想到，天降横祸。那年寒假，她回家探亲，在大河沿，遇到准备回43团的卡车。开头，她坐在货车上。司机好意，怕她冻坏了，就叫她坐在副驾驶位置。路上，上下坡较多，一次急刹车，车上装的钢筋，在惯性作用下，冲破驾驶室，撞向张小君。医院抢救无效，她失去了生命。多可惜呀！如此大的打击，不知道张老师一家是怎样抗过来的。

团部有露天电影院，票价5分钱。有时，也放些好电影。我儿子看电影上瘾，他常常一个人在别的大人腋下钻进电影院。

文革结束之前，没听说过刑满人员退休的事。我们前进水库工二队，几个六、七十岁的四川人，给几个钱让回老家，算是开恩了。李麻子队上，一位李姓老头，70岁了，还在推土。他爸100岁时，让他回家，还被宣传为政府宽大为怀、讲究人道！

由于我常年饥饿、劳累，面容憔悴，又黑又瘦。过了多年，能吃饱了，那饥饿的感觉还在，以至于我回到菏泽师范，学生们还说我黑瘦。

工二队，简直就是前进水库的奴隶队。累活儿、脏活儿，都是工二队的人去干。例如，堵水、挖渠、打土块、盖房子、割芦苇、种菜、养猪，甚至病人需要输血，也叫工二队的人去抽血。

有一次，派我们组去公社大队拉玉米。背着麻袋，沿跳板上汽车，我差点从跳板上掉下来。

最叫人犯愁的，是去戈壁滩打苇子。附近的苇子都打光了，必需深入沙漠去找。队长定定额，完不成不行。至于到哪里去打？叫自己想办法。冬天，为走近路，从水库冰面上走。到了快化冰时，就危险了，弄不好就连人带车掉进水库。那些不干活儿的指导员、队长、副队长、排长、管理员，以及站部众多官员，实际上是寄生虫。这种体制，养了许多闲人，难怪他们赞美，"还是社会主义好啊！"

有一次，在亚洪达堵水工地，需要推车过河。如果过桥，绕路很远。打算涉水过河。齐胸深的水，流得很急。走到河中间，车子抓不住，快要失手时，幸亏组长李良忠拉我一把，才勉强过了河。因为劳动强度大，生活跟不上，病假不好请，光我队就有几人死在工地上，例如，赵承宝、李成溪、吴大成……

队上的李桂忠，山东省梁山县人。他从小跟着共产党闹革命，仅仅因为反右时说了一句大实话，"山上石多珠宝稀，世上人多君子少"，就被扣上右派帽子，发配新疆劳动改造，教小学的老婆毕学玲，工作也丢了。

李桂忠老实巴交，不善言谈，也许是不敢多说。虽没进劳改队，孩子多，负担重，穷得不像样子。右派改正、平反后，给他恢复了干部身份，但没有合适岗位，只是换成了看瓜地的工作。他要求回原籍，梁山也同意了，但是孩子不能全带回。同意接收三个未成年孩子，两个已工作的大孩子没法安排。我劝他们赶快回去，两个大孩子的事情从长计议。我说，梁山县做到这个程度，已经不错了，快回家吧。毕学玲想一下子解决问题，拖着不走。正在这期间，老李发病。一病不治，终究未能逃脱客死边疆的命运。呜呼，哀哉！有类似遭遇的，还有一些人。

后来，我回到菏泽，专门赴梁山看望嫂子毕学玲和她的孩子们，想起老李，都悲伤不已。三个孩子在梁山城里经商，她一人在老家村子里居住，孤独、凄凉，自不待言。毕学龄说，回梁山后，孩子曾被人欺负。她去派出所哭诉"孩他爹打完日本打老蒋，老革命啦。现在孩子受欺负，你们怎能不管？"但她没敢说的是，孩他爹最后死在谁的手里了。

在新疆的犯人和刑满人员，只有五十年代张仲翰主持兵团工作时过得好一点。

张时常带着文艺队和慰问品到各团场巡视，并吩咐，不要叫犯人，叫学员，说，这些人也是在建设边疆，要善待他们。刑满人员，老家有老婆的，可以接到新疆。没有老婆的，可以回去找，不少人还安排了正式工作，成了职工。刑满人员的工资与普通职工基本相同，做到了同工同酬。但是，随着极左政策的推行，特别是文革，对张仲翰进行批判，说其右倾，违背无产阶级革命路线，革了职。

工二队的老职工，都是在北疆阿尔泰时成的家，工资也高。后来，刑满人员的待遇越来越差，连老婆都难找了。我怀疑，他们内部有文件或指示，尽量阻挠刑满人员结婚，我的遭遇即可证明，梁次平的情况是这样，马德静的情况也是这样。

马德静在小海子水库南闸 5 队劳动，遇见女职工王某香。王的前夫是指导员，死了。王是山东人，马也是山东人，都是单身，自然会有成家的想法。打报告上去，不批。表面上的理由是"影响不好"，影响谁？怎么不好？不说。潜台词是，党政干部指导员的老婆怎么能嫁给刑满人员？！开头是"做工作"，规劝，威胁，不管用。于是，图穷匕现，来个硬拆。把马德静调到前进水库，相隔百多公里，还是拆不开。没了办法，只好把王某香也调到前进水库，让他们结了婚。

再往远处看，1960年，北大右派学生林昭打报告要求结婚，领导居然说"右派还结什么婚？"言下之意，右派连人都不是了。

再结合，地主、富农子女只许读到小学；刑满人员的工资一降再降，30多元、28元、24元、最后没有工资，叫你穷得结不起婚！

怪不得，我问二队指导员周天民，"刑满人员结婚合不合法？"他回答得很微妙，"我不说不合法"，其中掩盖的是，内部有令，不让他们结婚，但不能明说。正像他们一贯的做法，内外有别，内紧外松，只做不说。再怎么"和尚打伞"，阻挠刑满人员结婚这话，是绝对不能公开说的。如果传到国外，"大外宣"费力营造的"光辉形象"，将毁于一旦，说不定还要拿到联合国人权委员会去辩论！

我回到菏泽后，有一年，马德静路过菏泽，来我家看看。他回到新疆，对王连亭、李秋生等人说，王甲芝当了工会主席，郝蕴仓是离休老干部，工资多了去了！我听说以后，问马，你咋替我吹牛？他说，叫他们难受个够！听说，李秋生真的心理不平衡了，说，"我几十年的老党员啦，他（指我）的工资怎么比我多这么多？！"

邻居熊自立，是个十几岁的女孩。他爸是老三，即三类人员。在小海子水库南闸进水口过河送饭时，突遇洪水，淹死了。孤女寡母，生活无着。上边给点扶恤金，居然被队上的司务长孙某根贪污了。孙某，上海人，外号"老鸭子"，在队上又管钱又管物。只要把王连亭等人伺候好，就是把老三欺负死，也没事儿。孙的老婆死了，带一女孩。老三的女儿张某英，比孙小很多，看他有钱，要嫁给孙。有一次，张某英躲在孙的屋里，锁上了门。她妈在屋外骂，你个小骚屄，我知道你在屋里。等你老了，你就知道苦了！

有一次，组长李良忠派我去领工程用的油毛毡，孙某态度恶劣。我说，这是公家用的，又不是我用，你咋这态度？吵了一阵，我出门走了一段路，听到后边孙某站在门口，跺着脚，恶狠狠地喊，"我专你的政！"。我回头一笑，"你专个毬！"理论上，刑满恢复政治权利以后，就是公民，应享受公民待遇，同工同酬。实际上，在不少官员的观念里，就没有公民这个词，他们还是把老三视为专政对象。不然，那姓孙的怎敢说"我专你的政"？！

王连亭见到我们，总是绷着脸，颐指气使、盛气凌人的样子，就像奴隶主对待奴隶、对待贱民一样。也难怪，他们身后有国家机器，动不动就可以抓人。制造冤案，可以不受惩罚。石胖子就无故殴打过雷应芳，雷不敢跟他对打。老三的人权，实际上被剥夺了。

一次，在斯布顿堵水工地，晚饭后，王连亭训话。他故作激昂地念毛语录：我们共产党人相信自己的事业是完全合乎正义的！然后，好像故意停顿一下，抬头看我。我回以轻蔑一笑，一切都在不言中。

四人帮垮台以后，我在帐篷外听到王连亭发牢骚说，什么四人帮？我看现在还有五人帮呢！不要阶级斗争行吗？总得有个对立面呀！这就是王连亭之流极左思想的暴露！

在前进水库管理处，只有几个技术员对我敬重些，例如小钱、张富斌等，他们知道知识的份量。一次，我正在推土，小钱主动帮我装车，并"顺便"问我个问题。他说，处里打算建一座鱼苗孵化池，有三个水塔需要用管子连起来，而这种管子特别贵。为省钱，需要缩短线路。问题简化成，在三角形内找一点，使它到三顶点连线之和最短。我说，丢掉学业多年，恐怕作不出，你可向上级技术部门求教。小钱说，新疆科学院曾经跟踪测量卫星的人也没有作出来。我一听，更没信心了，就说，搞不了。小钱说，作不出没关系，试试吧。我把这问题估计高了，想用高数求极值的方法求解。没有工具书，忘得差不多了，弄了几天没结果。正当想放弃的时候，忽然转了一下思路。说不定小题大作了，改用平面几何试试。终于发现，所求的点，正是著名的"费玛点"。小钱喜出望外，连伸大姆指。后来他调到莎车叶河管理处，我在那里干活儿的时候，他搞闸门设计，问了我几个问题，称赞说，清华出来的，基础知识就是扎实。

1976年7月，女儿出生。为让母亲看看，"十一"那天，我用独轮车推着全家，去麦盖提照一张没有幸福的"全家福"。妻子瘦小，儿子2岁，女儿俩月，总重也就100来斤，还赶不上一车土的重量。维族老乡纷纷驻足观看，是好奇还是嘲笑，不得而知。从住处到麦盖提大约20公里。

毛泽东去世以后，水管处气氛紧张，每人都得发言，表示哀悼，禁止娱乐活动。但我心里隐隐觉得，转机可能就快到了，心里反而有点轻松起来。后来甲芝说，她当时都不理解，毛主席死了，大家都很悲痛，为什么像我这样的人反而高兴？莫非这些人真的反动？她不知道，过去的历次运动，伤害了多少无辜群众；她不知道，我们蒙受了多大的冤屈，遭受了多少难以名状的痛苦。后来她承认，我，正直善良，人格高尚，她从我这里学了很多做人的道理。

队上派十几个人到莎车叶河管理处帮忙修房子，管汽车班的指导员想把我调过去修汽车，王连亭不放，还放话说，你天大的本事，我不用你，也不放你。太坏了！此人造反派出身，与李麻子一起整死过人。

后来的拨乱反正，只给文革中被整的老干部出了气。据传，文革中严重迫害老干部的干警、狱卒、司法人员，几十人被骗到云南枪决，王震监场。后假称因公殉职。胡耀邦引为憾事之一。对中下层打砸抢分子和有血债的恶棍，没有追究。

像王连亭这种迫害好人、埋没人才的做法，对国家造成的损失很大。重用这种人，就是授权作恶。不过，有一阵子好像要清算文革中作恶的"三种人"。李麻子怕清算他欠的血债，见了他曾虐待的老三，老远就鞠躬道歉：我有罪！有点像精神错乱的样子。后来，他上吊自杀了。

关于李麻子，我觉得他这一辈子也不值。从国民党兵，到起义，到共产党干部，他也是因为愚昧而被人利用了。因为政治上的"先天不足"，他必须宁左不右，才能自保。于是，故意叫他管刑满人员。当然，还有个指导员在监督他。

李麻子是甘肃人，文化不高，孤僻，不苟言笑，很晚才娶了个寡妇。没有子女，很少回家。经常学毛著，一头扎在工作上。干活儿卖力，也会干。看起来他真的相信"斗争哲学"是真理，对"阶级敌人"越狠，政治上越正确。所以，他才"紧跟毛主席"，在灵魂深处闹革命，因此，他才整死人。但是，他不知道"物极必反"，也没想到政治形势会变，他会被当成替罪羊。他的自杀，既是咎由自取、罪有应得，又有点令人同情。

　　从莎车回水库，夜间坐拖拉机，受凉感冒了。我请工友代向李秋生队长请假，哪知次日上班开会时，李秋生点我的名，说我无故旷工。我站起来反驳，我是请了假的，大家听听，至今嗓子还哑着。你不要利用这个只许你说话的场合胡说！李说，你顶，你顶。叫各组开会怎样处理。其实，大家心里明白，我没什么错。此事不了了之。

　　凡是有点权力的官员，都常说，"你天大的本事，我不用你。"一次，在伙房后边挖土装车。旁边坐着两个干部模样的人，像是附近43团14连的官员。其中一人说，"听说这个是清华的"。另一人笑了笑"哎，有啥用？天大的本事，不用你！"他们假装小声闲谈，但也不避讳让我听见。没有正面侮辱我，我也假装没听见。如果侮辱我，我会跟他们干起来。管他妈的什么官儿呢！

屈辱与辛酸

小海子水库北闸工二队，即李麻子管的队，有个张某生，是原北京某文工团青年演员，因破坏军婚罪，判刑。刑满后，工资低，又是老三，找不到老婆。好不容易找个维族女人，无法维持生活。两个同样情况的朋友，常某与皮某太，都是光棍儿，资助张的生计，仿佛一家人。生一女孩，有好事者给孩子起名"张常皮"。这名字包含了多少屈辱与辛酸！后来，维族女人也受不了这种屈辱，带着孩子走了。这几个年轻人，本就没犯什么大事儿，完全可以为国家出力，成家立业，哪想到悲惨到如此境地？据说，当时上边有令，少杀多判。实际上没少杀，也没少判。

北闸还有一转业兵，爱上了一个老三的女儿。领导告诉他，如果放弃这桩婚姻，可以提升指导员，否则不予提拔。此人选择了婚姻，不要指导员。

有一阵子，工二队指导员伍宝星教大家唱歌，批邓的。其中有"邓小平阴谋搞复辟，我们要坚决彻底批判他。"唾沫四溅，两臂飞舞。第二天又到教歌时间，等他教歌。他连连摆手，说，可别再唱了，邓小平又上台了！

卖淫与临幸

赵树源的老婆，帕特姑儿（维族），在众人面前鼻子一把泪一把地哭诉，因为穷（她没工作），没办法，她只好卖淫。队上很多光棍儿，性饥渴难忍，正所谓"卖方市场"。最奇特的是，她男人在屋门口收钱或馍票。赵的人格固然可鄙，但深层次的原因，是不合理的工资政策造成老三极度贫穷。何况，开这种会，有一点人权观念吗？

站在批斗会现场亮相的，有易辉、黎国华等人。还有一人不便点名，大家猜测，是副队长张大肚。张大肚资格很老，屡因嫖风升不了官。他的行为，也确实不给党挣面子，按过去的说法，就是个淫贼。

李进荣，炊事班班长，曾任女子劳教队指导员。那时，劳教本身就是法外刑罚，没有年限。是不是改造好了，全凭指导员一句话。因此，众女犯争抢跟他睡觉。有时，天没黑就脱光躺在他的蚊帐里，等待他的"宠幸"。睡遍女犯，他还不过瘾，居然还想睡干警的老婆。这下犯事儿了，新账老账一块算，他也成了犯人，判了6年。

在劳改系统，有个奇怪逻辑，犯人中也分"敌我矛盾""内部矛盾"。政治犯（官方不承认）是敌我矛盾，刑事犯是内部矛盾。像李进荣这样的，在劳改队和刑满队都能得到照顾。这样的阶级观念，已经融化入血液中了！

伙房人员虽然也是老三，但觉得比组里干活的人高一等，欺负人的事儿，也时有发生。一次，雷应芳买馍，要半个。侯麻子故意把一个馍切成一大一小，他知道雷应芳爱计较，雷指那块大的，侯麻子把大的那块又切下一些，把雷应芳气得不轻。

住院修机器

有只西红柿烂了一部分，我没舍得丢掉，削去烂的部分，剩下的吃了。结果，肚子疼，拉脓血，头一次住进卫生队医院。

按照潜规则，干部、基本职工、三类人员，是区别对待的。仗着三类人员不敢反抗，潜规则成了明规则。老三们忍气吞声，成了习惯。

我输完液，医生说起了别的事。他说，吸引机坏了，耽误事，跑了几个地方都没修好，你给看看好吗？我说，我是学汽车制造的，没接触过医疗器械，又丢了学业这么多年，不会修。医生说，死马当活马医吧，你见多识广，试试看。我打开机器盖子，让他合闸通电，发现有两个柱塞上的弹簧弹不起。没有新的弹簧可换，我叫停机。我用手把两个坏弹簧取出来，拉伸了一下，再装上去，试车。医生大叫，吸力上来啦！高兴得不得了。

从那以后，卫生队的医护人员对我和家人的态度大变，不像以前对老三那样冷漠了。知识可贵，关键时候能起大作用。

同组的惠宝文拿我开涮：历史反革命也当过官，威风过，享受过；贪污犯也捞到过实惠；搞女人的也痛快过。你看小郝（指我）这样的，啥事儿都没有，也没享受过，也落得这步田地，你说叫人咋想得通？！

有一次，甲芝问我，你能值多少钱？我说，起码100以上。她说，能挣50，就知足了。

暴政造成普遍贫穷，贫穷到骨。若非穷困，她也不会冒险进疆，她也算是个盲流。

1977年春，在同队老职工谭里仁家。说起孩子前途，谭妻曾冬英说，老三的孩子只有推车，学习再好也没用。我说，老曾，咱打赌了，政治形势肯定会变，孩子会有前途的！我劝他们鼓励孩子学习。老谭有点相信我的话，并表示想请我帮忙辅导功课。我说，可以。在那年的高考中，谭女步云和殷贤之子殷绍龙都考上喀什的中专学校。我说，孩子还有潜力，再考能考上大学。他们说，这就很好了，过去想都不敢想。就这样，两个孩子都上了中专。

在亚洪达干活时，一天午休，罗玉安到帐篷后边小解。隔一渠道，一维族女人看见了，不但不躲，还笑嘻嘻地伸出小手指，意思是就这么一点点！维族女人的性观念，可见一斑。

前进水库会放露天电影。有一次，放的是"决裂"，内容是贬低知识和知识分子，讽刺研究马尾巴的功能还不如农民养猪养牛，凭手上老茧就应该上大学。我说，这电影早晚得被批判。大个子吴大成说，小郝，你这话就不对了，符合毛主席教导的，不会批判。我说，你就等着吧，看谁说得对。

1978年夏，怕母亲见不到孙子，我带儿子回山东探亲。坐王师傅拉货的车到三岔口，再搭长途客车去大河沿。那时，长途客车一天只跑一站，并不赶路，太阳老高就停车了，反正是大锅饭。在一次停车吃饭时，因面条烫嘴，孩子吃得慢，所坐客车竟然开走了，也就是把我们甩下了。幸亏遇一军车，我向他说明情况，求解放军司机带我们一程。那同志答应了，而且加大油门，追赶那辆客车。终于在下一站追上了。我只抱怨了一句，那齐姓司机发火，竟要赶我下车。我说,我买票坐车,凭什么赶我下车?旁边北京来出差的一位同志也劝那司机"他带着孩子,不容易,出门儿还是和气为贵。"那同志小声对我说,戈壁滩上,老天爷是老大,他(指司机)就是老二,让着点吧。

回到阔别二十多年的家乡,母亲苍老了。见到我,眼含泪水,不知从何说起。母亲从城里被赶至乡下周庄,在一间土房栖身。村里生活很苦,红薯干都吃不饱。不过,母亲能活着见到孙子,也觉得高兴,那是一种苦涩的高兴。

在家期间,村小学的周校长请我给初中班讲物理课。后来,他给我母亲若干斤麦子,作为酬劳。

命运转折

1978年，政治气候渐暖。

一天，排长石永顺用奇怪的口吻问我，你愿不愿意去公社大队？我马上意识到，"黄鼠狼给鸡拜年"，没安好心，可能快要平反了。为了避免在他们单位平反后的尴尬，骗我离开，且是去极差的地方。我断定，石胖子没这个智慧，没这个权力，肯定是王连亭之流的阴谋。

果然，没几天，麦盖提法院人员送来北京中级法院改判裁定书，撤销原判，改为不予起诉。裁定书玩了一些文字游戏，似乎政府出于关怀云云……。我问法院人员，算不算平反？他说，算。我放心了，感谢胡耀邦总书记救我们于水火之中，20年的苦难，终于结束了！

王连亭没法儿，不得不给我改变身份，回归干部队伍，调我去学校教书。他还说，见过我画的机械图，有水平，倒也会随机应变。但其人格之卑劣，少见！

丢下铁锹砍土镘，拿起粉笔不会写字了，练习好久，才找到感觉。那年在罗马尼亚举行奥林匹克数学竞赛，6道题我做出2道。老师们赞扬，清华的就是厉害。

刚到学校不久，水管处技术员王林拿一沓纸给我看，说有重大发明，要寄给中国科学院，内容是推翻牛顿、莱布尼兹发明的微积分。我说，微积分可是经过几百年的检验了，不容易推翻。我刚看了一页，就发现关于极限的原则性错误。不便得罪他，我就说，先别往北京寄，先寄给新疆科学院试试。没有下文，肯定被驳回了。

处里的汽车司机"王麻子"，聪明好学。拿着杂志上的题目问我，也许是考我。题目是，一探险队5人，带一只猴子进森林，发现一堆椰子，暂存。夜里，某人想多得一份，就分成五份，多一只椰子扔给猴子，藏起一份。其余4人也是这样，把剩下的椰子分成5份，藏起一份，多一只扔给猴子。最后大家一起分，还是分5份，多一只扔给猴子。问，这堆椰子至少要有多少只？我丢了这么多年学业，费了好大劲，算出15621。王师傅一看，说群众杂志登的，能有这么难？我说，等下月杂志来，看答案吧。过了一个月，答案就是15621。王师傅佩服，到处替我宣传，说，这学校里的老师，问了几位都不会，就新来的郝老师做出来了。杂志上说，此题是杨振宁出的。

1978年的一天，水管站站部院子里乱哄哄的，还有哭骂声。大家来围观，原来是一中年妇女，领着几个人用白布兜着尸骨，在痛哭。

死者是马庆富夫妇，十年前在李麻子、王连亭队上被逼上吊死亡。队里有人丢了饭票，硬说是马偷的，连番批斗侮辱。马是解除劳教人员，年轻，受不了这般屈辱，夫妇双双自杀了。

那个十三四岁的女孩，就是他们的孩子。中年妇女是孩子的姑姑。孩子戴孝，姑姑叫骂，喊着"王连亭出来"，王连亭被吓跑了。

李麻子、王连亭两人的血债，还不止这些。

听说，有一北京来的大学生，拿着铁锹到伙房，要砍李麻子。结果，李麻子不在。此事已暴露，他走进草房子，点火自焚了。

平反冤案

我穷得连上访路费也没有，妹妹代替我去找清华党委。邓小平说，哪里来哪里去，我应该回北京。校方问家庭成员情况，妹妹说，就像电影"牧马人"，好不容易成了家，两个小孩。校方说，如果一个人还好办些，北京户口控制这么严，拉家带口不好办，能不能降低点要求？妹妹说，回老家呢？校方满口答应，说我们替你办。

菏泽人事局同意接受。菏泽教育学院院长叶正杰，找到人事局，说，我了解蕴仓，我们要。我在一中读书时，叶是教导处干事。

菏泽给农三师发了调令，但农三师和43团不放，说，边疆缺人，你内地怎么落实政策，我们就怎么落实，有啥困难都解决。就这样，又拖了5年，菏泽教育学院给我留位子几年，直到叶老师离休。

如果妹妹对清华说我孤身一人，我应该能回北京。袁飞就是例子。他一人先回的北京，不久就说，刚找了个老婆，还在石河子。后来，他老婆也调到北京了。

1979年的一天，熊吉光到水库找我，说43团张政委要见见我。我向张政委汇报了自己的简历，他上下打量了一番，笑着说，至少还能干20年，要啦！

这期间，张政委去上海住院，43团政委换成了甘国庆。

由于文革的摧残，人才断代，大学生又成了"香饽饽"。麦盖提二中也想要我，没档案也行，还可以给家属安排工作。我被吓怕了，还是稳妥点吧，就去了43团一校。

开头，他们也说给家属安排工作，但一校侯指导员"和稀泥"，说先按临时工干着。我说应该算学生工，即使只有24元，但它是正式工，有编制。侯说，连队指导员、连长的家属熬了多年，也没弄上正式工。熬着吧！

我听说，当时落实政策有一条，不超过35岁的家属，可以安排正式工作。这时，农三师政治部钱文礼主任来43团视察，我提出家属问题，他当即喊政委，"老甘，给他家属安排工作，我说的。"这才改为学生工。

确实有连队干部到团里找，问，新来的郝老师家属，怎么刚来就是正式工？团领导说，钱主任批的。按政策应该放他走，谁要是能顶替他教高中，我就给谁的家属转正。学校办不好，职工不安心，怎么办？后来，没人攀比了。

当老师了，连手表也买不起。学校发补助，买了一块120元的上海牌手表。

我一边在一校教课，一边还得教"农三师青年教师进修班"，我和熊吉光轮流教。进修班学员的文化程度参差不齐，有的高中毕业，希望学点高数；有的只有初中程度，高数听不懂。弄得我和老熊不知该怎么讲课。

有一位年龄大、社会经验丰富的学员，私下对我说，"郝老师，别太认真了。大家都是来混个名义，回团好交差。考试题别太难，叫大家过关，皆大欢喜。以后好见面。"我一听，有道理。我从学校进工厂、进监狱，社会经验并不多。我欠缺的正是圆滑。于是，课程偏简单，考试偏容易，不卡任何人。最后大家来个会餐，各自回团了。

荒废20年，把功课捡回来，不容易。除了吃饭，上厕所，我整天在办公室做题。对工作真是拼了命干，眼看着白头发多起来。有时，指导员还"抓官差"，有老师请假，叫我临时代课。没时间备课，也小看了初二几何，一次居然出了错。讲十等分圆周时，一数，11份，同学都笑了。该下课了，来不及重做，我给同学解释，问题出在旧三角板，误差太大，下堂课再做。怕学生先入为主，我找了个好三角板，下堂课，我仔细作图，圆满完成了教学任务。

过了两年，我还是想回家。去甘政委家拜访，向他诉说，我不是毕业分配来的，是憋着冤屈来的。家有老母，请领导开恩，让我回家。政委态度和蔼，叫夫人倒茶、端水果。他对我说，一校领导和学生对你的工作很满意。这里缺人，你也得体谅组织上的难处。有什么困难，可以提出来。政委夫人姚家莲，分管教育这一块儿。她劝我，过去的事情没办法了，谁能还你20年呢？

意见归意见，一见学生，我还是认真负责地教学。

不久，收到清华补发的毕业证，五味杂陈，感慨万千。一个优等生，20年后才得到毕业证，还差点丢了性命，这到底是为什么？

可能是上边布置的，平了反的人，开了一个座谈会。会上，大多数人是感谢党中央、感谢邓小平。我说，客观上救了我们，应该感谢。但并非完全施恩，也是一种需要。

我到43团不久，一次回水库，高仲伟拉我去李秋生家，我不去。我说，他怎么对待我的？最关键的5元工资，他和王连亭毫无道理地给扣了，造成我家多大的痛苦？高说，他请你，表明他认错了，杀人不过头点地，讲和吧！硬是把我拉去。

43团有不少支边青年，有人说是被骗来的，转业军人出身的指导员说，不骗，你们来吗？捋起袖子说，不服吗？那咱就拭把拭把！他是壮年，支边青年还真打不过他。

大约1981年，阿克苏支青堵路静坐，要求回上海。当了干部的没参加，大家就到他家打砸，说，上面给你个狗食盆子，你舔得一股子劲！

副总理万里到新疆，来解决问题，最后确定，每家可以在上海落户一个孩子。事情暂时平息了。听说，带头的还是被抓了。

一次，我去连队买桃子，路上见几个知青挖尸骨。我问咋回事？他们说，一块儿从上海来的，稀里糊涂地死在这里了。这些人的家里人来不了，托我们把尸骨带回去，也有个寄托哀思的地方。言者、听者皆戚然泪下。

听说，48团一知青，因政委卡他，回不了家。他身上绑了炸药包，闯入正开会的团部会议室，抱住政委不放。别的人上前劝阻，他大喊，不关你们的事，我身上有炸药。大家四散逃命，他与政委同归于尽。

另有一知青，从团里武器库房装了一毛驴车的枪支弹药，逃跑中被人发现，无奈，他向戈壁滩上逃，后果可想而知，不是被击毙，就是被俘。

维族大队里，也有维族人知青。一个小队的保管员，就能逼得女青年排队供他奸淫。

小钱技术员，原在水库，后调到莎车叶河管理处，经常去堵水工地。他说，维族民工像奴隶一样劳动，拉土的车也没有，用"塔合"（麻袋）背土，"卡得儿"（干部）手拿树条，看谁干得慢，上去就打，维族人不敢吭声。晚上就地一躺，帐篷也没有。

三公社有一干部，把一对男女青年绑在路边打骂，说他们像毛驴子一样，白天在旷野性交。在这些干部头脑中，丝毫没有尊重人权的概念。

这些现象背后，不光是人性的丑恶，主要是制度的恶。

我学生唐丽娟的妈妈，李淑贞医生，也是从山东来的"女兵"，"分配"给老兵唐某忠（团医院指导员）。唐，矮小，长相不敢恭维。一次，我作客去他家，进门是小间，隔一火墙，里面是大间。母女俩睡大间，老唐睡小间，单人床。显然两口子长期分床。怪不得这老唐烦躁，一次在团部，甘政委说，怎么啦？老唐，又耍二毬啦？唐说，再加一毬，三毬！

李淑贞的姐姐家，准备回口里，儿子不肯走，说要给爸爸报仇。他爸在文革中被人打死了，他知道仇人是谁。全家人劝他，不知后来怎样了。

甲芝在生产班劳动，地里的重活干不了，翻地打埂子，我替她干。冬天拾棉花冻脚，我捡维族人的破毡靴作鞋底，为她制作了一双棉鞋，她直说暖和。

1981年暑假，我独自回口里探亲。先到北京，想弄个证明调回内地。妹夫的同学，在光明日报社编内参。我找到他，说了我的情况。没有我预想的惊诧，就好像见多不怪了。他说"冤，肯定是冤，但还不是十分严重。你好歹还给落实个21级干部，找到了老婆。我见过血淋淋的案件多的是。不过，这一期可以给你上报。"果然，这一期内参有4人，那三位都比我惨，有瞎眼的，有重残的。还通过中日友好医院的同学，弄了个美尼尔氏症证明。

反右以后，知识分子工资多年不涨。妹妹一家过得很紧，在北京这么多年还没吃过全聚德烤鸭。这次我请客,去前门撮了一顿。二外甥手术,我也帮了一点。

喀什暴乱

回菏泽看望母亲后，返回新疆。

本应从三岔口近路回团，因为我想到农三师师部去，要求调回内地，就绕道去了喀什。

在大十字路口，偶遇难友苗祚炳，找个说话地方，进了一家包子铺。还没吃完，就听到街上乱哄哄的，隔窗一看，很多维族人抬尸游行，尸体露着肚子。店员说，一维族青年把汉族青年眼睛打爆了，汉族青年用猎枪打死了维族青年。公安局抓走了汉族青年，把维族青年的尸体锁在屋里。维族人撬门抬尸游行。

店员催我们快走，她要关店了。我们俩一看，满街都是人，尸体摆在大十字西北角电影院门口，有人站在台阶上演讲煽动。

我对老苗说，不能跑，趁维族人尚未行动，溜边儿。

我们若无其事地离开会场，然后加快脚步跑到汽车站。老苗往南去朋友家，我进了汽车站对面的群众旅社。

这里住的，基本上是维族人。我原先考虑，这里离汽车站最近，哪知这个决定救了我一命。

刚天黑，就开始打砸杀了，各旅社的汉族人，被打死打残。我团来喀什出差的，被打成脑震荡，小河里漂着许多汉人尸体。我所在的旅社，半夜有人砸门，维族工作人员对他们说，里面住的都是维族人，没有进来。

一夜没睡，天快亮听到广播，喀什市人民政府告全体喀什人民书，警告暴乱分子。已经晚了。

暴乱开始前，公安局已做好准备，只等市委下令。市委副书记不作为，往上请示，贻误战机。据说后来被撤了职。而市委维族书记则轻描淡写地说，兄弟还打架呢，意思是不要小题大做。

我所在旅社的维族人，不知道外面出了什么事，出门在外，不想惹事，没有闹。第二天天不亮，我赶紧穿过马路到汽车站，坐车回麦盖提。

目睹惊心动魄的喀什暴乱，促使我下决心离开新疆。

1983年夏，全家回内地探亲。

在甲芝老家湖南郴州栖凤渡医院，大概1974年底，甲芝因生儿子住院。没有人照顾，每天只能吃米饭加辣椒。有同村一女人，推开甲芝的病房门，说"甲芝啊，下回你也带我去新疆吧"。这是故意侮辱人。

1983年回去这一趟，那个侮辱人的妇女向我们道了歉。

因为离广州不远，我趁机会去广州，看望同一寝室的同学李文铉。

在反右时，李文铉是团小组长，也算积极分子。没想到，文革时，他被打成阶级敌人。他爸曾是华侨医生，所以李文铉被污蔑有海外敌特关系的嫌疑。在洛阳拖拉机厂，他被打断肋骨，连番批斗，无法忍受，从黄河冰上逃跑，被抓回。40多岁时，他还没有结婚。平反以后，才找到对象，一同回了广州。

李在广州商品交易会工作。他其实非常老实，对人诚恳善良，连说话都细声细语的。运动一个接着一个，这次没赶上下次也得赶上，谁能想到他能有这样的下场？我们两个老同学见了面，感慨万千，一言难尽。

他把当时很时髦的德国产录音机送给我，回疆后，我寄钱还给了他。我顺便问了一下，有没有门路把我调回内地。他说，佛山有朋友，可以试试看。

就在这个当口，惊闻噩耗，他竟英年早逝了！可怜啊，多么好的人啊！

这次探亲，我们全家都去了，甲芝村里人听说甲芝找了个清华毕业的对象，而且同学还是大官（指吴官正），村里人羡慕不已。

在一校，与大家的关系还算融洽。只要不欺负人，我尊重所有善良的人，不管其地位高低。反之，若是欺负我，必定反击。

甲芝生产班的排长平某庚，仗着干妈是政委夫人，常常欺负工人，故意难为甲芝。有一天，我找到平某，明说了，甲芝身体不好，派重活儿不合适吧？我们不会长久待在这里，办事儿得留点余地，弄僵了彼此都不好。他看我严肃、生气，连说，明白，明白。后来，他不再刁难甲芝了。

一校的南京支边女青年花某玲，跟她丈夫傅某（数学组老师）斗嘴儿，你要是有郝老师（指我）那水平，我天天把你伺候得好好的。

1984年夏，难友叶予（清华同学），正想从和田往北移动。我和他商量，来43团工作怎么样？我在这里干五年了，也算对得住团里了。由你来顶替我的工作，在团里也说得过去。果然，团里同意了。姚家莲主任还给叶予介绍了一个对象（一个连队指导员的寡妇）。这样，我才终于可以"金蝉脱壳"，离开43团了。

但是，师政治部主任钱文礼还想留我，说，老郝，进城吧，到喀什农三师中学。没办法,我还不能硬抗。

　　他们也算好意,我不能不通情理。再说了,如果弄僵,他卡住我的档案不放,我一点法儿没有。

　　就在那个暑假,我去了喀什。

　　临走,甘政委在汽车旁笑着说,终于走了。我说,多谢政委关照。

农三师中学

我的家当，只有几块破板子，一台缝纫机。搬到喀什农三师中学，杨宗安副校长帮着卸车，都觉得惊讶，可能他从没见过如此穷的教师。

冷存龄校长非常和气，经常端着饭碗到我那儿说话。各位老师也很热情。我就好像从地狱又回到了人间。

只要把我当人看，我做人的道德是不会低下的。

此时，甲芝是农工3级，烧锅炉，煤炭中有雷管，幸亏没炸到人。正巧管收发的女青年要去进修，领导问甲芝行不？订期刊杂志的工作很复杂，同院子的一个女工，试了一阵子，干不了。她跟甲芝说，这工作，你也拿不下来。甲芝不敢接。我说，你身体不好，这可是个好机会，先接下来，我帮着干。不久，她就学会了收发工作，没那么累了。

我一如既往，教学认真负责，反映还好。来这里，结识了不少新朋友，如朱筠慈、王凡、曹翔亚夫妇、尚进夫妇、庄玉佩、贺孝思夫妇……

院子里有个放电视的地方，这是我们头一次看电视。当时，每天傍晚播放电视连续剧《射雕英雄传》。两个孩子老早就搬着小板凳占位子。我很少看。

有一个林业局干部，要调去乌鲁木齐，贱卖家具。我花800元，买下了这套相当好的家具。可惜，不久我返回山东，那套家具没法带，也贱卖了。

喀什的环境和生活条件，比水库和43团都好。如果不是民族骚乱，在这里待下去还是不错的。汉族人卖的熟驴肉，2元一公斤，还送到家里。学校旁边就是"巴扎儿"（集市），水果、蔬菜都很便宜。质量很好的马奶子葡萄，几角钱一公斤。孩子小，吃不了多少，每天晚上我都像完成任务一样，把剩下的水果吃掉。学校离东湖公园、人民公园、文化宫都不远，看电影的地方多，比43团文化生活丰富多了。根据托尔斯泰著作拍摄的电影《复活》，我就是在文化宫看的。

43团一校甲芝的工友牟小薇来玩，说，你们进了天堂了。这期间我也曾去莎车二中，看望老朋友梁次平夫妇和苗祚炳夫妇。在高考季节，水库的石永顺领着女儿和几个学生来我家，我也尽力帮了忙。

眼看到年底了，来喀什一年多一点，我又向钱主任提出回家的事。因为离得近，晚上去了他家。说实在话，我也自知有点"下作"，但自我安慰的是，我是被冤枉的，回家是我的正当诉求，也就硬着头皮表达出来。

这回，真的达到目的了，钱主任他松口了。

老家的姨兄弟告知，教育学院的新领导打官腔，说，原领导（叶正杰）决定的事，我们还得研究研究。我兄弟说，师范学校肯定要人，行不行？我想半生坎坷，九死一生，什么名利都不在乎了，先回家再说。

二运司人事部门给甲芝开介绍信时，说，我们是营级单位，无权批三级非农工，二级非农工比三级农工还多五毛钱。我一想，可以，就选择了二级非农工。回来顺利担任了师范学校的收发员。

三师中学领导对我们挺好，我这样走，深感抱歉，但还是那句话，"冤枉，要回家"，这都是反右造的孽！

听说我要走，杨副校长说，郝老师通行无阻啊！那时，新疆的公职人员很难调回内地，主要困难是找不到接收单位。

就这样，1985年11月25号，我终于踏上了回家的路。

返乡情殇

从1953年起算,我已阔别故里32年。重回老家,亲情、友情,暖人心脾,自不待言。我又想起爷爷说的,转了一圈儿,还是老家好。

我的工作,是在物理组。菏泽师范暂无住房,我家租住在附近的肖庄。

回到老家,也会想起同样从这里走出去的前女友。因为,我和她之间,有过一段难以忘怀的故事。

为此,我写过一首打油诗,《归来》:
在那遥远的流放地,在那苦难的岁月里,
生死只有一线隔,梦里常常见到你。
梦境终究一场空,醒来依旧对峥嵘。
不甘冤死天涯地,竭尽所能去抗争。
终于熬到乌云散,九死一生把家还。
人生劫难怎清理?相逢一笑泯恩怨。

她早已不在北京,而是在建设"水晶城市"运动时,被贬到甘肃康县一个山沟里。据说,她丈夫马其昭不是北京原住民,其母(夫是国民党的军官)改嫁带他来京。马的儿子留在了北京,学业荒废,只能以开出租车为生。

1986年春节,大年初二,她不顾家人劝阻,急匆匆赶来。先去了物理组,我没在。同事宋淑珍老师去后院找,说郝老师女朋友来啦。有人问，啥样？宋说，这院儿里没有，意即漂亮。

她去肖庄，找到我家。一进胡同，就哭起来了。家人说，像哭丧似的，多不吉利。

她说，"这个家主妇本应是我，读了那么多书，全白读了。过去的事情不敢想。我将被人们谴责。如果能挽回，我愿照顾你后半生。"

我说，不能全怪你，当时压力太大了。哪怕分手时你给我几句好话，我也没那么痛苦。

她后悔不已，说，那时年轻，不懂事。她还说，"那时候，我要给你生个孩子就好了。"

我问了一句，那时候是不是还有一个原因，你光想结婚？她回以"瞎说"。

她问我这些年怎么过来的？我说，除了受苦、受累、挨饿，还没有家庭、没有性生活。至于今后，我说，甲芝没有错儿，如果抛妻舍子，那会一辈子睡不着觉的，我做不到。

她提到，她跟女儿说过，曾深爱过一个人，迫于政治压力变了心。她女儿说，"要是我，我宁可不再嫁人！"她还拿着儿女照片说，这是我造的孽！

我无语。说实在的，她也是暴政的受害者。她那男的，长得丑，品位差，一个实验员。她一辈子不如意，怎会爱他？

此时，我心里五味杂陈，有忘不了的爱，有怨恨，又有深切的同情，难以言表。

与各个运动一样，反右，使一些人莫名其妙地倒了霉，也使一些人莫名其妙地发了迹！马某算是捡了个便宜。若不是反右，乘人之危，他怎能找到这么漂亮的老婆？

她叫我送她回燕庄，坐在我的自行车后座。她说:"蕴哥，你杀了我吧！"我能说什么呢?……

临走，我们两人照了一张合影，她还去百货大楼买了一支金笔，叫我给她写信，千万别断了联系。还说了一句意味深长的话，"这杯苦酒，让我喝下去吧……"

菏泽师范

在菏泽师范,我先教物理,后改教数学。王凤鸣校长说,郝老师是全才。学生说,菏泽师范最有气质的是郝老师。实验室张老师夸赞,郝老师才貌双全。

在外漂泊半生,乍一回来,仍感到生疏。教美术的崔相贤老师,是我小学同学,闲聊中,我问起菏泽师范的风气、人员情况,会不会排挤我,给小鞋穿。崔说,有的人极左思想一下子改不了。但是,你放心,就凭你这响铛铛的清华牌子,他们把你踩不下去。后来的情况表明,学校领导、老师对我还好,只有后勤部门的个别人不够意思。

与我前后脚来菏泽师范的郑从斌老师,是我在菏泽一中高中时的同班同学。他是从内蒙古扎兰屯回来的。

此人老实厚道,天津师范学院毕业。不知什么原因,也被扣上右派帽子。虽没有劳改,遭遇却也相当悲惨。他被遣返原籍郓城农村监督劳动,接受"群众专政"。当时农村有早婚习惯,他也是高中没毕业就结婚了,所以老早就有了几个孩子。因为生活无法维持,全家逃荒、要饭,流浪到内蒙古。他是学生出身,不会种地。一切从头开始,他当起了佃农,帮人家种地,干零活儿,受尽了饥寒交迫。直到胡耀邦总书记拨乱反正,平反冤假错案,他才得以重见天日。

回到菏泽师范时,他老伴儿没有工作,二女一子还在上学,生活依然非常困难，闺女老大了，还在院儿里卖开水。郑老师老实巴交，也许是多年被生活重担压得喘不过气，脸上几乎看不到笑容。不知是他主动要求，还是领导示意，他入了党。在全校大会上，他给学生作报告，意思是，虽然受了不公平对待，受了冤屈，仍然相信党，相信政府。人们在唏嘘之余应当发问，这么样的老实人遭此厄运，为什么？

老郑除了受外边的气，家里还受气。他老婆模样不错，高个儿，年轻时也是美女一位，但没文化，不懂政治。从老郑当了右派，她就埋怨不止，认为受这么大的罪，都是因为老郑的连累。她不知道什么叫暴政，不知道老郑有多大的冤屈。她不停地唠叨，老郑从不吭声，更不发火。他的忍耐性真强！说来说去，都怪那该死的反右，怪那不讲理的政策。可能因为多年的艰难困苦，摧残了身体，没几年，不很老，他就去世了。

我教过普师班、体育班、幼师班，最后教的是音乐班、美术班。

学生最爱听我讲故事，因为我讲的都是实话，没有谎言。但是，我又不能畅所欲言。整人运动基本过去，但文字狱并未绝迹，离言论自由还远得很。

在教九一5幼师班时，一女生在课间问我，"郝老师，你想发财不？"我说，"谁不想发财？！"她说，"这中国青年报上有个广告，你只需填个表格……"我没等她说完，就打断她的话茬儿，说，"这你也信？能发财？"她说，"这是国家正式大报，还能瞎说？"我脱口而出，"你懂个屁，青年报照样骗人。"她沉默了一会儿，翻了脸，说，作为老师，你这样说合适吗？我说，刚才那话是不合适，但不是对着你，是对着那报纸的。班主任刘文梅听说这事儿，训了那女生，说，你这小妮儿真不懂事，郝老师这么大年纪说你个懂个屁，不算啥，你叫老师难堪，多不好。从此以后，我跟学生说话，特别是女生，三思而后说。

一般来讲，我跟学生关系不错，尤其是音乐班的同学，经常来我家。我喜欢音乐，跟他们能聊到一块儿。他们有时让我帮着做作业，我也瞎凑合提供参考。

我直言不讳惯了，曾对女同学讲，不要嫁给当官的孩子。他们居高临下，不知平等待人。你嫁给他，等于找着受欺负。我这话看似极端，还真应验了。

女生毛某华，班上最漂亮的一位，嫁给某银行行长的儿子，给了点甜头，安排毛在银行工作。但毛的对象品行不端，欺负人。婚后有了一个女儿，但还是离婚了。正赶上银行裁人，就把毛裁了。后来她见到我，后悔当初没听我的话。无奈，她陪女儿去北京打工去了。

学生中也有差劲的。一女生，挺漂亮，据说是外县官员的女儿，不是正式考进来的，是来师范混个假文凭，回去遮人耳目，弄个好工作。此生傲慢无礼，无心学习，但在数学考试中，卷面答案全部正确。我给她判了个不及格。她质问我，错在哪里？为什么不及格？我说，这张卷子不是你做的，是作弊的。这样吧，还是这张考卷，你当着我面再做一遍。她不敢做。听说，她去找了教务处。教务处主任跟我说，都明白，这就是"关系户"，不好惹。我说，你们怎么给她造假，我管不了，反正我还是给了她一个不及格。

刚从新疆回来时，菏泽的几位老同学来看我。李兴中、郭健劝我加入民盟（即民主同盟）。我说，对党派不感兴趣。他们说，就是大家聚聚，说说话，没啥活动。就这样，给我报了个名。参加了几次支部会，我觉得不对头。市委统战部派了一名干部过来，说是也算民盟成员，协助工作，实际上就是监督。大家不敢畅所欲言，心里不自在。一次，选举菏泽民盟主委，开会前，一官员威胁，不许串联，不许……然后拿出内定的候选人名单，叫你"选举"。就这么个屁用没有的民盟主委，还搞这套把戏，没意思。后来，我以年老多病为由，退出了。

留在菏泽的老同学，说了一些老同学的遭遇。山东名人庞敬堂的儿子庞礼，音乐教师。在文化馆工作时，他操作错误，放了一段台湾的广播，被以现行反革命的罪名逮捕，竟然枪毙了。教我们生物的老师党贵全，被批斗侮辱，在菏泽师专投井自杀。

还有因一句俏皮话被打成极右。这句话是："政策就像鸡巴毛，净是些弯弯儿！"可想而知，划成极右是什么结果，必定是家破人亡。

田纪云的爸爸当菏泽一中校长时，我经常听他的报告。听说后来被批斗、被打，还遭返原籍监督劳动。后来田纪云当了中央的大官，菏泽官员想拉关系，派人带着礼物、字画去北京看望田的父亲。田纪云父亲告诉家人，凡是菏泽来的人，一律不见。

教过我历史的王永瑞老师，也受了冲击。他的女儿王凌云，跟我是同学。王凌云的儿子，就是王丹，六四学潮时的学生领袖，通缉名单第一名。第二名是吾尔开希。

留在菏泽的初中同学李贵之，医士学校毕业。他因右派问题被开除公职，务农，打零工，曾去北京冰窖拉冰。他不知道没有通信自由，给美国之音写信，被国安人员罚1000元。那时，这是不小的款项。到底这钱归谁了？不知道。我也亲自听邮局工作人员讲过，别说往美国寄信，用繁体字写的来信，都得先交公安局检查。中国的"隐蔽战线"，同样可怕。对谁隐蔽？人民群众。有句名言是这样说的，"一个向人民群众隐瞒真相的政党，是一个注定会灭亡的骗子集团！"

老同学还讲了些菏泽的零星故事。村干部对农民讲"这是你的？那是你的？除了两个肩膀夹个脑袋是你的，啥都不是你的！"

有个村支书的儿子，见谁不顺眼就打。在街上没解气，还追到家里打。有人听到身后汽车喇叭声不让路，问他原因，他竟然说"老子是贫下中农！"

周庄的村干部郭某得意地说，你看，人家的地咱种着，人家马儿咱骑着。现在都兴这哩！

师范后院没开路时，我的院子大，收的葡萄吃不完，送给学生。过节，学生给老师送礼，我从未收过。学生说，别的老师都收了。我还是不收。

学校经常设立考场，护士、财会、公安，各种考试，五花八门。一次，开考前，考生每人5元钱交给监考老师，用意不用说，别抓作弊的。我坚决不收。一次，一个医生的侄女在我的考场作弊，被巡场人员抓了，叫我在监考记录上记名。该医生叫我去掉记录，我说没法改，她又找来李副校长。我对李副校长说，你负责我就改，李不敢签名。考前会上，领导威胁监考老师，出了错这个处分、那个处分，家长和某些领导又逼人作弊。监考老师两头受气。我说，要不咱一块去考试办公室，请领导决定。王校长说，明年再来吧！

有一次，公安系统在师范组织考试。有人带小抄，我在他的桌上敲了几下，以示警告。他嬉皮笑脸地说，年纪大啦，记不住啊。

我说，"诸位都是政法干部，将来当了大官，回想起当年作过弊，多不好意思！"他们依然笑笑，不当回事。更有一公安考生，威胁监考老师，"小心犯到我手里！"我组监考老师姜保周软不拉几地说，到时候再说呗！后来，我再不监考了，给钱也不干。

1989年5月，我因眼疾，去北京看病，正赶上各大学学生示威游行，我想去天安门看看。妹夫说，公交车都停了，骑自行车你能行吗？再说了，你要是去了，明天《人民日报》就会登出来，一个留平头的家伙混入学生队伍，进行煽动。他们恨不得找一个替罪羊。我也就没去，改成在附近大学区步行观看。人大的、北大的、清华的，多得很。

像妹夫这些教师，都被派到班级宿舍，劝导学生，不要游行。我问，效果如何？他说，听不进去。学生说，"您休息吧，李老师。"吾尔开希的爸爸也被从新疆叫来，做工作。吾尔开希的回答也是这样，"爸，您不懂，您休息吧"。正好我班级毕业三十年聚会，我见校内各宿舍阳台上，挂着用床单做成的标语，要求民主，要求自由。

同学聚会时，每人做自我介绍。我说，"各位都是西装革履，有的还屁股冒烟（坐汽车），在下惭愧，我的中山服都是自己做的。"焦芝林替我打圆场，说，还是咱学工的能，自己会做衣服。我们当时的班长赵六奇说，别人不知道，老同学都明白，要不是社会原因，你比我们强。

吃饭时，我面前摆的易拉罐，我瞅了好久不会开，又是焦芝林替我解围，给我拉开。在新疆二十年，我没喝过这东西。

同班的女同学凌如昭，看我可怜，提议给我募捐。我说，我还没穷到那个程度，婉言谢绝了。她还说，郝蕴仓老实巴交的，当时怎么把他划成右派了？！直到2018年，焦芝林还在微信里提到，留校和留京的老同学每逢说起当年把我划成右派的事，都心里难受：学校不该那样不公正地对待我！

从老同学的谈话里，我发现一个现象，毕业分配基本上是按"政治"分的。党团员分的是好地方、好单位，政治上不被信任的分到了边疆地区，如新疆、宁夏、青海等地。反右以后，"突出政治""政治挂帅"强调得更厉害了，毕业分配当然不会例外。估计，这种做法也是按内部文件执行的。

我在北京做了翼状胬肉切除术，五月底回到菏泽。"六四"风波后，全国各地大规模追查，谁参与了"六四"运动。我校有人举报，说我有可能参与了。幸亏曹丹雪书记主持公道，说郝老师回来的时候，还不到六一，怎么能参加"六四"呢？此事也就不提了。

"六四"以后，学生问我，是政府对还是学生对？我小声说，学生对！

我和妹夫曾有这样一番对话。他不无得意地说：你知道为什么选我当（海淀区）人大代表吗？因为我人缘好，联系群众。我说，谬矣！代表是选的吗？是指派的。你只能提些通下水道修马路之类的提案。正是因为你代表不了人民，才叫你当人民代表。不信你试试，如果提政治制度、民主权利的议案，你这代表立马就当不成了，说不定还会招来迫害。他无言以对。

吴官正担任山东省委书记时，来菏泽视察，指着师范前面的臭水沟，对市委书记陈光说：你这就叫文化路？吓得陈光连说，吴书记，我们马上改，马上改。吴一路走一路训斥，据说嘴里还不干不净。晚上住在曹州宾馆，除了服务员，没人敢傍边儿。

据留校同学讲，吴官正在回清华校友聚会时曾说，"我脸黑心不黑"。

校友聚会本应一视同仁、一律平等，重在叙旧。但实际上早就变了味儿，按官阶排辈儿，阶层分明，以至于自尊心强的校友都借故推辞了。老清华传统不复存在，高校变成了别样的衙门。

菏泽师范并入菏泽学院后，有一次在北校区召开关于统战工作的会议，一位干部端着酒杯，到我所在的饭桌前说，"我也给吴书记老同学敬一杯！"我虽沾了点光，但心想，你这哪是给我敬酒？这是给"神仙"吴官正敬酒！

当年把我划成右派的主要人物石圭聿，来过我家，愧疚之意，挂在脸上，但又不好意思明说。他告诉我，菏泽市委书记是他的学生，有啥难事儿可以找他，好像想有所补偿的意思。石走后，我没找过市委书记。师范的老师经常提醒我，你咋不找吴官正帮助办事儿？我回答，不需要用别人的光照亮自己。

退休离休

1996年，我退休。我发现，中学时期的同学，有的办了离休。我和他们的条件一样，我也应该办离休。

退休和离休，虽然只有一字之差，待遇差别不小。退休工资打折扣，离休工资跟在职的一样，不打折扣。此外，还有护理费和公费医疗。

校方政工干部说，现在办离休掌握得很严，光有证人、证言都不行，必须要有原始材料，也就是1949年10月1日以前参加革命的原始材料，要能证明1949年10月1日以前进入过当时的菏泽一中。

我说，我档案里应该有。学校档案室说没有，我坚持说有。终于，在档案中找到进清华所写的第一份履历表，其中有一句话，"1949年春进入菏泽1中"，这个1还写错了，应该是"一"。

这是几十年前写的，现在不可能造假。拿到教育局人事科，他们说，有这句话就行，符合条件。他们一边看档案一边说，郝老师历史够复杂的。

我说，科长，你不要看这上面乱七八糟什么都有，其实，我就是出这个学校进那个学校，什么坏事都没干过。我这一生，把全部脑力、体力都贡献给国家了，只不过是另一种形式而已。

他们点头称是。旁边有一位年轻人事干部，笑着说，你咋在履历表上写"发配新疆"？我说，小伙子，我说的是实话，跟林冲发配也差不多。

这样，我就经人事局批准，办了离休手续。

多么传奇，我从老革命到右派，到现行反革命，到刑满释放人员，到公民，又取得了离休老干部身份。

大概 2002 年，学校房改，分给我三间平房。后来有政策，这房子可以作价归己。因房屋老旧，需要翻盖，报经规划所批准，准予翻盖。

但是，节外生枝，规划所干部言而无信，百般刁难。头天划的线，第二天，地基刚垒一米左右，来了个人，给踹倒了。我问，不是说合格了吗？那人说，他说了不算，我说不合格，就是不合格。如此反复，令人忍无可忍。

有一天，一个矮胖、满脸横肉的家伙又来踹墙。我一把抓住他的脖子，说，你们欺人太甚！他直往后退，没敢动手。

此间，我校音乐老师王瑞斌，到规划所办事，提起我，对规划所人员说，你们不要欺负他，他跟吴官正是同学。有一高个胖子郑某，气呼呼地说，我还跟吴官正相好呢！

次日，我又到规划所，问，听说有人跟吴官正相好，是哪位？我知道是谁，但没人敢承认。我又说，敢说不敢当吗？那姓郑的脸都憋红了，说，"那也不能他一个人说了算"。我说，是，不能他一个人说了算。但终究没人敢认是谁说的跟吴官正相好这话。

后来，他们背后议论，这个郝老师厉害啊！并带话说，叫郝老师盖吧，我们不去了。后来，直到房子盖好，他们果然没有再来。

探访张元勋

前面提到过，我和张元勋在清河农场就认识，还曾在同一监舍。

我回菏泽师范后，有几位青年教师毕业于曲阜师范大学。从他们谈话中得知，曲阜师大中文系有一位张元勋教授，北大毕业，水平很高。我问了长相，可能是我认识的难友。为防止同名的人被误认，我看了青年教师在学校与老师的合影，确认就是难友张元勋。

我去了他家，老友重逢，促膝长谈。

他在清河农场刑满后，成了所谓"新生队"的就业职工。在北大时他就认识林昭，打听到林昭被判重刑，关在上海提篮桥监狱。他以男朋友的名义去探监，狱方希望张劝林昭认罪，就准许了。后来，公安部门说张假冒林昭未婚夫，欺骗政府，又把张投入监狱，在山东兖州煤矿劳改。他受尽折磨，差点要命。曾把他关在一个像棺材大小的禁闭室，达一个多月。

张元勋原来身体素质很好，在清河农场时，用筒子锹挖湿泥条子，一锹就有几十斤重。他总是提前完成任务，比老农还能干。

后来，张获得平反，写了长文"北大往事与林昭之死"，被杂志登载，还被法国国际广播电台播出，影响颇大。从监狱出来，到曲阜师范大学应聘、面试。校方要求试讲，他什么资料都没带，讲了《论语》等古文。校方当场拍板，要啦！

狱友给张元勋介绍对象，女方父亲问，犯的什么错误？张如实回答，北大右派，当反革命被抓。女方父亲说，噢，政治方面的，行。同意了。订婚之时，张元勋哭了。喜极而泣？蒙冤伤心？也许都有。

张元勋虽是文人，但却勇武无比，胆子特大。敢于冒充林昭男友，去上海探监，即是一例。进了曲阜师范大学，老婆没工作，生活负担重，想承包学校的小卖部。时兴行贿、送礼、走后门，他没钱搞这些名堂，气极了，拿把菜刀找领导评理，最后终于办成了。据说，还成了富翁。

这次去曲阜师范大学家属院，我知道他家，径直到了家门口。他们老两口惊讶地问，你怎么进来的？我说门房没有人，也没登记，就进来了。

原来他家早就被封控了，外面打电话进来，得先经过公安局，来访需经批准。因他的作品在国内外影响大，想见他的知名人士多，当局实际上把他隔离起来了。

一见我，张说，我现在孤陋寡闻，没有消息来源了。此时，他已坐轮椅，还这样监控他，过分了。何况，没有任何法律手续，剥夺公民自由，这是什么政策？此后，我几乎天天给他发短信，聊天解闷儿。

2013年夏天，我全家重返新疆。先到前进水库七连，看看我住过的土屋。房屋已不存在，依稀可辨旧址。那屈辱难熬的日子，浮现脑海。冤枉啊，冤枉！事业被毁，家破人亡！天理何在？！拍了几张照片，作为纪念，想叫孩子记住，他们的父辈以及他们自己小时候曾经遭受的苦难。

再到喀什农三师中学看看，旧时同事所剩无几。在"人民公园"，原水库工二队的老石说，这个公园里常有老年人遛弯儿，闲聊。有人说，毛主席的话一句顶一万句，句句是真理。另一位曾当过右派的人反驳说，毛泽东的话如果顶用，那还要改革开放干什么！可见，对毛的评价尖锐对立，社会撕裂程度可见一斑。

2014年夏，全家去拉萨旅游。高原反应得厉害，过了格尔木，我就呼吸短促。到了拉萨，除孙女外，都感觉难受，最重的是儿媳。在车站，听说有人病倒，进了医院。越想越害怕，必须马上折返。旅游是次要的，安全才是第一。我们把原订的车票都退掉，只在拉萨旅店住了一晚，第二天就原路返回了。

在拉萨至那曲路段，同车箱遇一藏族女干部。她在长春财经学院上过学，汉语说得好。她想从那曲调到拉萨，这次是去拉萨活动活动。听我说亲眼见过达赖，崇敬之情溢于言表。到那曲站，她要下车，下车前送给我一条手链。仓促间，我无礼可还，惟有道谢而已。

国保之访

著名右派作家铁流，知名右派学生谭天荣，做客大个家之后，两名国保人员也去了大个家。他们态度和气，但用意谁都明白，就是告诉你，我们知道谁来过。

大个问两人，你们知不知道知识分子遭受过什么？你们不希望中国民主化吗？

两位年轻人说，"恐怕我们这一代也不见得能看到"。

为了表示关心，国保还问大个有什么困难？大个说了工资吃亏的事，他们还真帮忙解决了。比过去有进步，有点人情味儿了。

我和大个经常视频聊天，说话没有禁忌。他经常说，倒了八辈子血霉，赶上那个时代！我当然有同感。

妹夫劝言有感

半生冤情强隐忍,泪洒黄沙意难平。
理想壮志皆成灰,爱情背叛扎心疼。
梁祝化蝶苦恋情,人间尘世有几人?
黑云压城天地暗,为避风雨情可悯。
往事如烟风吹去,能饶人处且饶人。
而今明窗净几下,子孙绕膝乐天伦。
往日常贫知米价,而今老健识山名。
聊发一次少年狂,打起背包山川行。
我辈人生倒计时,还有几时能折腾?
心中遗憾宜忘却,把握光阴寸寸金。

流放吟

(歌词)

新疆是个好地方，多少人们来歌唱。
充军、支边命如何？又有谁能知端详？
有志青年进忠言，妻离子散遭流放。
悲苦无告受煎熬，皆因"阳谋"致祸殃！

手推车，肩挑筐，天寒地冻挖渠忙。
常年饥饿修水库，沙漠背柴更难当。
头顶晒，脚下烫，浑身是汗无衣裳。
忽然一阵狂风起，天昏地暗迷方向。
风萧萧，路茫茫，负重行走心内慌。
一旦迷途更凄惨，沙土埋尸葬边疆。

少年壮志付东流，青春爱情全丢光。
累饿屈辱日憔悴，有病无医把命丧。
戈壁滩上草草埋，生死不能回故乡。
真理安在？光明何方？
历史不能掩盖，后人不要遗忘！

沙漠吟

(歌词)

风悠悠，云悠悠，凄苦的岁月在屈辱中流，啊，屈辱中流。
恨悠悠，怨悠悠，满怀的不平在沙漠上走，啊，沙漠上走。
啊，南疆的太阳，是你头顶一缕难解的愁，
满怀着不平，在沙漠上走。
少年的梦，是你、是你心中一曲悲和愁。

梦悠悠，魂悠悠，病弱的身体把苦难承受，啊，苦难承受。
情悠悠，爱悠悠，无语的泪花把光明寻求，啊，光明寻求。
啊，叶河的水，是你人生一杯壮行的酒，
无语的泪花，把光明寻求。
青春的爱，是你、是你梦中一曲愤和忧。

叶尔羌

(歌词)

叶尔羌啊叶尔羌,蜿蜒曲折长又长。
滋润大地育人民,你为南疆添风光,你为南疆添风光。
啊,叶尔羌,蒙冤受屈罚苦役,我曾来到你身旁。
筑坝挖渠战沙漠,竭尽所能献力量。
骄阳似火渴难耐,汗流浃背苦苦捱。
手捧河水那样甜,救人危难慰心怀。
啊,叶尔羌,美丽的叶尔羌,
你的身影难忘记,叫我怎能不想你?叫我怎能不想你?
叶尔羌,叶尔羌,叶尔羌,叶尔羌,美丽的叶尔羌,
你的身影难忘记,叫我怎能不想你?叫我怎能不想你?
青春曾与你相伴,汗水滴在你身边,
如今你是啥模样?余生牵挂到永远。
叶尔羌,叶尔羌,余生牵挂到永远……

梦回新疆

（歌词）

天山南北太辽阔，遥遥戈壁一闪过。

绿洲胡杨大沙漠，美丽的叶尔羌河。

毛驴车，小花帽，维族人民歌舞多。

流放人儿无心看，支边青年叹蹉跎，叹蹉跎。

廿年岁月在此过，酸甜苦辣难诉说。

但愿往事今不再，重回新疆叙欢乐。

后 记

老家的门对儿：忠厚传家远，诗书继世长。这也是爷爷对我的教诲。随着家产被没收，少年时代，我就经历了种种磨难。也打那个时候起，我就自立自强，渴望在为国效力的同时，实现自己的人生价值。因缘际会，我从小参加了革命，却因错报家庭成分，与思想活跃的同学走得近，招致一连串祸殃。

我的大半辈子，蒙受了常人不能承受之苦。把这些真实经历写出来，是想趁记忆力尚好的时候，回顾自己走过的峥嵘岁月，记住曾经与自己同行过的那些人；同时，也是想为后人提供一些了解那个时代的线索。千万不要忘却那段历史，决不能再走回头老路！这，是我写作本书的初衷。

劫后重生，众多极左路线的受害者，包括我，最应该感激的，是胡耀邦总书记！是他，救我们于水火之中！

老了，才想起写点东西。我工科出身，不擅文笔，叙述事实而已。两个月仓促写成，估计错讹不少。诸多朋友帮助勘校、推荐出版，在此我一并衷心感谢！

郝蕴仓
2023 年 3 月于菏泽学院

作者简介

郝蕴仓，山东省菏泽市人。1936年生，1954年考入清华大学。1958年在校期间因错划右派，送"劳动考察"，后"升级"为"现行反革命"，判刑10年，历经"草岚子"、"功德林"监狱，"团河农场"、"清河农场"劳改队，1966年发配新疆农三师劳改支队。1970年刑满，在"刑满人员就业队"劳动，依然无自由，重劳动，低工资。1978年平反，任教于农三师43团一校、农三师中学（喀什）。1985年返回菏泽师范（后并为菏泽学院）任教。1996年退休、离休。

www.ingramcontent.com/pod-product-compliance
Lightning Source LLC
LaVergne TN
LVHW011943070526
838202LV00054B/4775